행복은 자전거를 타고 온다

행복은 자전거를 타고 온다

이반 일리치 지음
신수열 옮김

사월의책

행복은 자전거를 타고 온다

1판 1쇄 발행 2018년 7월 20일
1판 2쇄 발행 2024년 10월 30일

지은이 이반 일리치
옮긴이 신수열
펴낸이 안희곤
펴낸곳 사월의책

편집 박동수
디자인 김현진

등록번호 2009년 8월 20일 제2012-118호
주소 경기도 고양시 일산서구 중앙로 1388 동관 B113호
전화 031)912-9491 | **팩스** 031)913-9491
이메일 aprilbooks@aprilbooks.net
홈페이지 www.aprilbooks.net
블로그 blog.naver.com/aprilbooks

ISBN 978-89-97186-53-2
ISBN 978-89-97186-50-1 (세트)

* 책값은 뒤표지에 있습니다.
* 이 도서의 국립중앙도서관 출판예정도서목록(CIP)은 서지정보유통지원시스템 홈페이지(http://seoji.nl.go.kr)와 국가자료공동목록시스템(http://www.nl.go.kr/kolisnet)에서 이용하실 수 있습니다.(CIP제어번호: CIP2018020901)

"El socialismo puede llegar sólo en bicicleta."
사회주의는 자전거를 타고서만 올 수 있다.

호세 안토니오 비에라 갈로
칠레 살바도르 아옌데 정부 법무차관보

차례

머리말		9
제1장	에너지 위기	11
제2장	교통의 산업화	29
제3장	속도에 마비된 상상력	39
제4장	시간 횡령	47
제5장	가속의 비효율성	57
제6장	수송산업의 근본적 독점	63
제7장	가늠하기 어려운 속도의 한계	75
제8장	자력이동의 효율성	83
제9장	주요수단으로서의 동력과 보조수단으로서의 동력	93
제10장	저설비, 과잉개발, 그리고 성숙된 기술	99
참고문헌		107
해설 · 박홍규		115

머리말

이 글은 멕시코 쿠에르나바카의 '문화교류문헌자료센터'(The Center for Intercultural Documentation, CIDOC)에서 열린 세미나의 두 모임—하나는 영어, 다른 하나는 스페인어로 진행되었다—에서 토론한 내용들을 내가 요약한 것이다. 여러 가지 착상, 사실관계 및 비판을 제공해준 동료들에게 감사드린다. 수송에서 이용되는 에너지 문제를 다룬 이 세미나의 연구보고서는 CIDOC 도서관 사서인 아이작 로젤로부터 구할 수 있다(주소: 멕시코 모렐로스주 쿠에르나바카 Apdo. 479). 이 글의 편집을 도와준 데니스 설리번에게도 특별히 감사드린다.

교통에 관한 이 세미나는 발렌티나 보레만스가 1975~76년 사이 CIDOC에서 조직한 협의체를 위한 예비 모임의 성격을 가지고 있었다. 이 협의체의 주 관심사는 의료, 사법, 교육 및 에너지 집중 기관들(예컨대 교통과 주거를 생산하는 기관들)이 서로

맞물린 구조로 오늘날의 사회에 대해 독점을 행사함으로써 사회를 마비 상태로 만들고 있다는 점에 있었다. 토론의 배경은 라틴아메리카였지만 이 주제는 다른 지역에도 해당된다.

협의체는 이후 30개월 동안 몇 개의 더 간략한 연구보고서를 생산했다. 이 보고서들은 일반적 관심사를 다루고는 있지만 아직 무르익지 않은 생각들을 담고 있으므로 비판이 필요하다. 이 글들은 하나의 책으로 완결되기를 바라기 힘든 것들로서, 학술잡지에 게재할 수도 없었다. 성격상 정기간행물에 싣기 어려운 것들이기 때문이다. 또한 인쇄된 언어를 출판업자들이 독점하고 있는 탓에 등사물들의 연옥에 빠지기 십상인데다, 게재 가능한 매체에 싣기 위해 원래의 텍스트를 고쳐야 하는 경우도 허다하기 때문이다. 이러한 독점을 타파하기 위해서 매리언 보이어스 출판사(Marion Boyars, 영국 런던 소재 출판사로 이반 일리치 저작을 대부분 출판—옮긴이)가 이 총서의 기본 틀을 만들어주었고, 우리들 협의체가 작성한 것을 데니스 설리번이 편집, 제출하는 수고를 맡아 주었다.

이반 일리치

제1장

에너지 위기

The Energy Crisis

최근 에너지 위기가 임박했다고 주장하는 말들이 유행처럼 번지고 있다. 그러나 이런 식의 완곡어법은 어떤 모순을 은폐하고 착각을 신성화한다. 그것은 공평성(equity)과 산업 성장을 함께 추구하는 것에 내포된 모순을 숨긴다. 또한 그것은 기계의 힘이 인간의 능력을 무한정 대신할 수 있다고 하는 착각을 옹호한다. 이런 모순을 직시하고 착각을 걷어내기 위해서는 '위기'라는 용어가 가리고 있는 현실, 즉 과도한 에너지 소비가 물리적 환경을 파괴하는 것 못지않게 사회적 관계를 필연적으로 퇴보시킨다는 사실을 분명하게 밝히는 일이 시급하다.

에너지 위기론의 주창자들은 하나의 특수한 인간관을 확신하고 있으며, 계속해서 그 인간관을 선전한다. 그들의 생각에 따르면, 인간은 태어나면서부터 노예들에게 언제까지라도 의존할 수밖에 없으므로 노예를 다스릴 방법을 공들여 배워야 한다는 것이다. 그리고 그런 죄수들을 더 이상 부릴 수 없다면, 인간의 일 대부분을 대신해줄 동력장치(motor)가 필요하다고 한다. 이 신조에 의하면, 한 사회의 복리는 그 구성원들이 학교에 다닌 햇수와, 거기서 다루는 법을 익힌 에너지 노예들의 숫자로 측정될 수 있다는 것이다. 이러한 믿음은 현재 유행하고 있는 경제 이데올로기들 중 어느 것에나, 심지어 서로 상충하는 이데올로기들에까지 공통적으로 들어 있다. 하지만 이 걸신들린 에너지 노예 군단이 수적으로 일정 비율 이상 인간을 넘어서게 되면, 뚜렷한 불공정, 무대책, 무기력과 같은 현상이 도처에서 일어나 그런 믿음마저 위협할 것이다. 그럼에도 에너지 위기론자들은 여전히 이 노예들에게 먹일 사료의 부족을 걱정하는 데 초점을 맞추고 있다. 나는 오히려 묻고 싶다. 자유로운 인간에게 과연 노예가 필요한가라고.

최근 10년 동안 채택된 에너지 정책들은 2000년 무렵 한 사회가 누리게 될 사회적 관계들의 범위를 결정할 것이다. 그것이 저에너지 정책이라면 생활양식과 문화에 있어 폭넓은 선택의 가능성을 열어줄 것이다. 반면 사회가 고에너지 정책을 택한다면, 그 사회적 관계는 전문관료체제(technocracy)의 지배를 받을 수밖에 없다. 자본주의의 꼬리표를 달았건 사회주의라는 꼬리표를 달았건 그런 사회적 관계는 똑같이 혐오스런 일일 것이다.

현 시점에서 대부분의 사회들—특히 가난한 사회들—은 에너지 정책을 정하는 문제에서 아직은 자유롭게 다음 세 가지 지침 중 하나를 택할 수 있다. 첫째는 1인당 에너지 사용량을 높이는 것이 곧 복리라는 지침, 둘째는 에너지 변환의 효율을 높이는 것이 복리라는 지침, 셋째는 가장 큰 힘을 가진 사회 구성원이 기계 에너지를 가능한 한 최소한으로 사용하는 것이 복리라는 지침이다. 첫 번째 접근방식을 택한다면 희소하고 파괴적인 연료들을 빈틈없이 관리하여 산업 발전을 위해 쓰는 데 강조점을 둘 것이고, 두 번째 접근방식을 택한다면 열에너지의 절약을 기할 수 있도록 산업을 재편하는 방법을 강조할 것이다. 그러나 이들 두 가지 접근법은 어느 쪽이든 불가피하게 막대한 공적 지출을 수반하고 사회적 통제를 강화하는 결과를 낳을 것이다. 두 가지 모두 컴퓨터로 작동되는 리바이어던 사회(Leviathan)의 출현을 합리화하는 접근법이지만, 그럼에도 현재로서는 두 방안이 폭넓게 논의되고 있는 실정이다.

에너지 사용에 상한선을 두는 것이야말로 높은 수준의 공평성을 특징으로 하는 사회적 관계를 이룩할 수 있는 길이다.

세 번째 선택지가 가진 가능성을 주시하는 이는 거의 없는 듯하다. 사람들은 물리적 생존을 위한 조건으로서 1인당 에너지 사용량의 최대치에 대해 생태학적 제한을 두어야 한다는 점은 이해하기 시작했지만, 가능한 한 최소의 동력을 사용하는 것이 현대적이고 바람직한 사회질서들의 토대가 된다는 데까지는 아직 생각이 미치지 못하는 듯하다. 하지만 에너지 사용에 상한선을 두는 것이야말로 높은 수준의 공평성을 특징으로 하는 사회적 관계를 이룩할 수 있는 길이다. 현재 무시되고 있는 이 방안이야말로 모든 국가가 선택할 수 있는 유일한 길이라는 얘기다. 또한 그것은 가장 동력을 많이 이용하는 관료들의 권력을 제한하는 쪽으로 정치 과정을 돌릴 수 있는 유일한 전략이기도 하다. 참여민주주의는 저에너지 기술을 요구한다. 그리고 오직 참여민주주의만이 합리적 기술을 발전시킬 수 있는 여건들을 만들어낼 수 있다.

그럼에도 흔히 간과되는 사실이 있다. 에너지와 공평성을 동시에 증대시키는 데는 한계가 있다는 점이다. 1인당 소비 에너지가 일정한 한계 안에 있을 때는 동력장치들도 사회적 진보를 위한 여건들을 향상시키는 역할을 한다. 그러나 그 한계 이상으로 에너지 사용량이 늘어나면 그때부터는 공평성을 대가로 지불할 수밖에 없다. 에너지가 더 풍부해진다는 것은 곧 에너지를 통제할 권한을 배분하는 것이 더 어려워진다는 뜻이기 때문이다.

깨끗하고 풍부한 에너지가 사회적 병폐를 치유하는 만병통치약이 될 수 있다는 통념은 정치적 오류에 근거한 것이다. 이 오류에 따르면, 뭔가 이상적인 정치 환경이 주어지기만 한다면 에너지 소비가 늘어나는 만큼 공평성도 거의 무한정 늘어날 수 있다고 한다. 이런 착각에 빠진 나머지 우리는 에너지 소비량의 증가에 사회적 제한을 가해야 한다는 주장을 깎아내리곤 한다. 그러나 신진대사에서 나오는 힘을 제외한 모든 동력이 오염을 일으킨다는 생태학자들의 주장이 옳다면, 기계의 힘이 일정 한계를 넘어서는 순간 타락한다는 것 역시 필연적인 사실이라 하겠다. 그런데 에너지 소비량의 증가로 사회적 해체가 일어나는 이 변곡점은 에너지의 변환으로 물리적 환경의 파괴가 야기되는 변곡점과는 관계가 없다. 마력(馬力)으로 표시할 때 전자가 더 낮다는 것은 의심의 여지가 없다. 한 사회가 그 구성원들에게 할당할 수 있는 1인당 에너지량이 얼마인지를 가지고 정치적 논점을 삼기 이전에 이론적으로 먼저 인식해야 할 사실이 이것이다.

1인당 에너지 소비량이 일정한 한계 안에 있을 때는 동력장치들도 사회적 진보를 위한 여건을 향상시킬 수 있다. 그러나 그 한계 이상으로 에너지 사용량이 늘어나면 그때부터는 공평성을 대가로 지불할 수밖에 없다.

설사 오염을 일으키지 않는 동력을 풍부하게 구할 수 있다 하더라도, 에너지의 대량 사용은 마약과 같은 작용을 사회에 가한다. 신체적으로는 무해할지 모르지만 정신적으로는 사람을 노예로 만든다. 이에 대해 공동체가 선택할 수 있는 것이라고는 메타돈(Methadone, 마약중독 치료에 쓰는 유사 마약제—옮긴이)을

미국은 총 에너지의 45퍼센트를 수송 분야에 투입하고 있다. 중국인들과 인도인들이 모든 용도에 쓰는 연료량보다 더 많은 양을, 사람들을 실어 나르는 단 하나의 용도에 쓰고 있는 것이다.

쓰거나 갑작스럽게 약물 중단을 하는 방법뿐이다. 즉 또 다른 에너지를 써서 현재의 중독 상태를 유지하거나, 고통스런 경련을 겪으며 중독을 끊게 하는 방법뿐이다. 하지만 어떤 사회도 구성원들을 자율적으로 활동하게 하면서도 점점 수가 늘어나고 있는 에너지 노예들의 매력을 떨쳐버리게 하는 일은 불가능하다.

예전에 했던 토론에서 나는 GNP(국민총생산)가 일정 수준을 넘어서면 사회 관리에 소요되는 비용이 총생산보다 더 빨리 증가하여, 한 경제 안에서 주요한 제도상의 위치를 점하게 된다는 것을 보여준 바 있다. 교육전문가, 정신과의사, 사회사업가들이 행하는 치료는 그 입안자, 경영자, 세일즈맨들의 기획에 맞춰 추진될 수밖에 없으며, 보안기관, 군대, 경찰의 지원을 받아야만 온전한 기능을 발휘할 수 있다. 나는 이제 부의 증대가 왜 인력에 대한 통제의 강화를 부르는지에 대해 한 가지 이유를 명시하고자 한다. 내가 주장하고 싶은 것은, 1인당 소비 에너지가 적정 수준을 넘어서면 어떤 사회의 정치체제나 문화적 환경도 필연적으로 쇠락할 수밖에 없다는 점이다. 1인당 에너지 사용량이 임계점을 넘어서기 시작하면, 그때부터 관료체제가 정한 추상적 목표를 달성하기 위한 교육이 법적으로 보장되었던 개인의 구체적인 주도권을 빼앗고 그 자리를 대신하게 된다. 이 임계점이야말로 사회 질서가 버텨낼 수 있는 한계이기도 하다.

여기서 내가 논하려는 것은, 인간의 신진대사 에너지에 대한 기계 동력의 비율이 일정한 한계를 넘어 확인 불가능한 수준에 이르는 즉시 기술관료체제가 득세를 한다는 사실이다. 어떤 자릿수까지가 그 한계인지는 사용되는 기술 수준과는 대체로 무관하다. 그럼에도 부자나라는 물론 중위권 나라에서조차 그런 한계가 존재한다는 사실을 사회적 상상력이 미치지 못하는 사각지대 안에 가두어놓은 실정이다.

미국과 멕시코가 바로 그 임계점을 넘어버린 경우다. 두 나라 모두 에너지를 더 투입할수록 불평등과 비효율과 개인의 무기력이 늘어나는 상황이다. 1974년 기준으로 한 나라는 1인당 소득이 500달러, 다른 나라는 거의 5,000달러에 가까운데도 두 나라 모두 산업의 하부구조에 있는 거대 기득권들이 에너지 사용의 가속화를 부추기고 있다. 그 결과, 북미와 멕시코의 정치 이념가들은 자기들의 실패에 '에너지 위기'라는 꼬리표를 변명처럼 붙이고서, 국민들로 하여금 사회 붕괴라는 위협이 닥친 이유가 연료의 부족에 있거나 가용 와트수를 낭비와 오염 등 불합리한 방식으로 사용한 데 있는 게 아니라는 사실을 보지 못하게 하고 있다. 수많은 사람을 필연적으로 피폐하게 만들고 박탈감과 좌절을 안겨줄 만큼 많은 에너지를 사회에 먹이려고 시도해온 산업 시스템에 진짜 원인이 있음을 숨기고 있는 것이다.

한 나라 국민이 과도한 동력이 소요되는 도구들을 쓰는 것은 과도한 칼로리를 함유한 음식을 먹는 것만큼이나 위태로운 부담을 떠안는 일이다. 그럼에도 동력에 대한 전 국민적 탐닉을 시인하기란 끔찍한 식습관을 시인하는 것보다 훨씬 더 어려운 모양이다. 사회 복리를 위태롭게 만들 수 있는 1인당 에너지의 한계치는, 인류의 5분의 4가 익히 알고 있는 마력(馬力)을 훨씬 넘어서고 폭스바겐 운전자가 쓰는 동력에는 훨씬 못 미치는 자릿수에 있을 것이다. 하지만 에너지 저소비자나 과잉 소비자나 이 사실을 이해하지 못하는 것은 마찬가지다. 어느 쪽도 흔쾌히 사실을 직시하려 하지 않는다.

내가 주장하려는 것은, 1인당 에너지 소비가 적정 수준을 넘어서면 어떤 사회의 정치체제나 문화적 정체성도 필연적으로 훼손될 수밖에 없다는 점이다.

미개 사회의 경우 노예 상태와 고된 일에서 벗어나는 길이 적절한 현대 기술을 도입하는 데 있다면, 부자 사회가 그 이상으로 무서운 타락을 피하는 길은 에너지 소비의 한계를 인정하고 그 한계를 넘어서는 순간 기술화 과정이 사회적 관계를 지배하기 시작한다는 것을 실질적으로 인식하는 데 있을 것이다. 열량은 너무 과다해서도 안 되고, 그렇다고 너무 부족하지도 않은 좁은 범위 내에 머물러 있을 때만 생물학적으로나 사회적으로 건강에 도움을 줄 수 있다.

그런 점에서 이른바 '에너지 위기'란 것도 정치적으로는 이중

산업적으로 상품화된 에너지는 사회 환경에 퇴화, 탈진, 예속과 같은 효과를 가져온다. 이 효과들은 자연환경의 오염이나 인류의 절멸에 앞서 나타나는 현상들이다. 이런 결과들을 역전시키는 전환점은 이론만으로 가능하지 않다. 그것은 결단의 문제이다.

적 의미를 띤 사안이다. 에너지의 총량과 그 사용 권한의 배분에 대한 공공의 관심은 두 가지 상반된 방향으로 나아갈 수 있다. 한편으로는 탈산업, 노동집약, 에너지 저소비, 고도의 공평성을 근간으로 한 경제를 모색하는 데 물꼬를 터줌으로써 정치 재편의 길을 여는 질문들이 나올 수 있다. 다른 한편으로는 기계에게 먹일 사료들에 대한 히스테릭한 관심이 오히려 현재의 자본집약적인 제도의 성장에 박차를 가하여, 과잉 산업화의 아마겟돈으로부터 벗어날 마지막 갈림길을 지나쳐버리게 만들 수도 있다. 정치 재편이 가능하려면 그 전제로서 **1인당 에너지 사용량**에 임계점이 존재하며, 그것을 넘는 순간 어떠한 정치 과정으로도 에너지를 더 이상 통제할 수 없다는 사실을 인식하는 것이 필요하다. 산업화 일변도의 경제 입안자들은 자기들이 생각하는 최대치 수준으로 산업 생산을 유지하려는 경향이 있다. 이들이 설정한 **총 에너지 사용량**에 대해 생태적 이유로 제한을 가하는 순간, 사회 붕괴가 필연적인 결과로 일어날 것이다.

미국, 일본, 프랑스 같은 부자나라들이 자기들이 배출한 폐기물에 질식하는 지경까지 가는 사태는 아마도 일어나지 않을 것이다. 그러기 전에 먼저 에너지로 인한 사회문화적 혼수상태(coma)에 빠질 것이기 때문이다. 인도, 미얀마, 그리고 중국과 같은 나라들은 정반대 상황에 있다고 할 수 있는데, 아직까지는 에너지 발작이 일어나도 금방 멈출 수 있을 정도의 체력을 가지고 있기 때문이다. 이런 나라들의 입장이라면, 부자나라들이 기득권의 막대한 손실을 겪고 나서야 돌아가게 될 한계선을 지금 당장이라도 정해서 그 안에 머물기를 택해야 할 것이다.

최소 에너지에 기초한 경제를 선택한다는 것은 가난한 사람들에 대해서는 헛된 기대감을 포기하도록 하고 부자들에게는 그들의 기득권을 버거운 부담으로 인식하도록 만드는 일이기도 하다. 가난한 사람이든 부유한 사람이든 인간이 노예주일 수밖에 없다는 숙명적 인간상을 거부하고, 에너지에 대한 끝없는 허기가 이데올로기적으로 조작된 것임을 인식할 필요가 있다.

산업 발전으로 풍요를 누리게 된 나라들에서 에너지 위기는 세금을 올리기 위한 채찍으로 쓰이기도 한다. 이런 세금이 필요한 이유는 비효율적인 과잉 확장으로 인해 사양화된 산업 설비들을, 현실에는 부합하겠지만 사회적으로는 더 치명적인 새로운 산업 설비들로 교체하기 위해서다. 이러한 산업화 과정을 경험하지 않은 나라의 지도자들은 고도로 동력화된 나라들을 따라잡으려는 필사적 노력의 일환으로, 에너지 위기를 알리바이 삼아 생산, 오염 및 그 통제를 중앙에 집중시키려 한다. 반면 부자나라들은 자기들의 위기를 수출하고 에너지에 대한 청교도적 숭배를 새로운 복음인 양 설교함으로써 가난한 나라들에 더욱 큰 피해를 입히고 있다. 그 피해는 이미 구식이 되어버린 공장 제품을 그들에게 팔아서 끼친 피해보다 훨씬 큰 것이다. 더 많은 에너지를 더 세심하게 관리할수록 더 많은 사람들에게 더 많은 재화를 안겨줄 수 있다는 신조를 가난한 나라가 받아들이는 즉시, 그 나라는 최대 산업 생산의 노예가 되려는 경쟁에 돌입하게 된다. 이처럼 가난한 나라들이 에너지 의존도를 높임으로써 자기들의 가난을 현대화하기로 선택하면, 합리적 기술이라는 선택지는 불가피하게 포기될 수밖에 없다. 더군다나 최대 에너지 사용과 더불어 그것에 대한 최대의 사회 통제까지 받아들이게 되면, 이 나라들은 해방적 기술과 참여정치의 가능성마저 질식시키는 결과를 맞이할 수밖에 없다.

에너지 위기란 에너지를 더 많이 투입한다고 해서 극복할 수 있는 것이 아니다. 인간이 거느리는 에너지 노예들의 숫자에 인간의 복리가 달려 있다는 착각을 걷어낼 때 비로소 에너지 위기도 해소될 것이다.

에너지 위기란 에너지를 더 많이 투입한다고 해서 극복할 수 있는 것이 아니다. 인간이 거느리는 에너지 노예들의 숫자에 인간의 복리가 달려 있다는 착각을 걷어낼 때 비로소 에너지 위기도 해소될 것이다. 이 목표에 도달하기 위해서는 동력이 타락을 초래하는 한계치가 어디인지를 확인하는 것이 필수적이다. 그리고 이 한계치를 찾는 일에 공동체가 매진하도록 정치 과정을 이끄는 것도 필요하다.

이러한 종류의 연구는 오늘날의 전문가들이 기존 제도를 위해 행하는 연구와는 반대되는 것이므로, 나는 그것을 부본(副本, 원본의 훼손에 대비해 따로 만들어둔 수표나 서류—옮긴이) 연구라 부르고자 한다. 부본 연구는 세 단계로 이루어진다. 첫째는 1인당 에너지 사용량을 제한해야 한다는 요구가 사회적 명령임을 이론적으로 입증하는 일이다. 둘째는 그 사용량의 임계치가 어디까지인지 범위를 설정하는 일이다. 셋째는 사회 구성원들이 동력장치들의 우상화와 그 운전을 맡은 전문가들의 의식(儀式)에 참여해 만족을 얻는 대가로 받아들이려는 불공평, 소비 강요, 조작된 삶의 조건 등이 어떤 수준인지를 각 사회마다 밝혀내는 일이다.

에너지 사용량의 사회적 최적치를 정치적으로 연구할 필요가 있다는 것은, 현대의 교통을 검토해보면 간단하게 알 수 있다. 미국은 총 에너지의 45퍼센트를 수송 분야에 투입한다. 이 에너지는 수송수단을 제작, 운전하는 데에 쓰이는 동시에, 주행, 비행, 주차와 같은 통행의 편의를 보장하는 데에도 쓰인다. 이 에너지의 대부분은 장소에 붙들려 있는 사람들을 이동시키기 위한 것이다. 1974년 기준으로 13억의 중국인들과 인도인들이 모든 용도에 쓰는 연료량보다 더 많은 양을, 2억 5천만의 미국인들이 사람들을 실어 나르는 단 하나의 용도에 쓰고 있다. 이 연료의 거의 대부분이 시간 낭비를 가속화하는 기우제 춤판에서 불태워 없어진다. 가난한 나라들의 1인당 에너지 소비량은 이보다 훨씬 적지만, 그럼에도 멕시코나 페루 같은 나라들에서 총 에너지 사용량 중 교통에 사용되는 비율은 미국의 그것보다 더 높으며, 수혜자의 비율은 더욱 낮다. 이 교통사업의 규모가 워낙 큰 덕분에, 개별 수송수단을 사례로 들어 에너지 사용량의 사회적 임계치가 존재한다는 사실을 입증하기가 한결 쉽고도 의미 깊은 일이 되었다.

에너지는 교통에서는 속도로 환산된다. 에너지 사용의 한계치는 속도의 한계이기도 하다. 이 한계치를 넘으면 에너지 과다 사용에 따른 사회적 퇴보가 나타난다.

일정 시간 동안 사용하는 에너지 곧 동력은 교통에서는 '속도'로 환산된다. 교통의 경우 에너지 사용의 한계치는 속도의 한계이기도 한 것이다. 이 한계치를 넘는 곳 어디에서나 에너지 과다 사용에 따른 사회적 퇴보의 기본 패턴이 나타나곤 한다. 어떤 대중 수송수단이든 시속 25킬로미터를 넘어서자마자 곧 공평성이 저하되었고, 시간과 공간의 부족 현상이 현저하게 나타났다. 동력으로 움직이는 수송수단은 교통을 독점하고 자력에 의지한 이동을 가로막는다. 서구 어디에서나 철도가 처음 건설된 지 50년도 안 되어 승객들의 이동거리가 그 수송수단의 형태와 관계없이 100배로 늘어났다. 화석연료를 기계에너지로 변환하는 장치들의 동력 산출량이 일정한 값을 넘어서자마자, 사람들은 자신의 신진대사 에너지를 이용하는 데 방해를 받기 시작했고, 도리 없이 이런 수송수단의 소비자가 되었다.

속도가 인간의 자율적 활동에 끼치는 이러한 효과는 동력으로 움직이는 수송수단의 기술적 특성과는 그리 관계가 없으며, 항공기, 버스, 철도, 자동차 등의 법적 운영권을 쥔 개인이나 법인들과도 큰 관계가 없다. 그보다는 빠른 속도 자체야말로 수송이 사회에 파괴적 영향을 미치는 결정적 요인이다. 적절한 정치체제와 바람직한 사회관계를 올바르게 선택할 수 있으려면 우선 속도에 제한을 가해야만 한다. 참여민주주의는 저에너지 기술을 요구한다. 그리고 자유로운 인간이라면 오직 자전거의 속도로만 생산적인 사회관계의 길로 나아갈 수 있다.

주) 내가 여기서 교통을 다루는 이유는, 에너지 사용량의 사회적 최적점이 어디까지인가 하는 보다 일반적인 문제를 조명하기 위해서다. 이것을 위해 나는 개인의 이동이라는 주제에만 논의를 국한하고자 한다. 물론 여기에는 개인 수하물, 수송수단과 도로에 사용되는 연료, 자재, 설비 등도 포함된다. 교통의 다른 두 가지 형태, 곧 상품 수송과 메시지 전달에 관한 논의는 의도적으로 하지 않았다. 두 경우 모두 유사한 논증이 가능하겠지만, 그렇게 하려면 또 다른 갈래의 추론이 필요하므로 다음 기회로 미루려 한다.

제2장

교통의 산업화

The Industrialization of Traffic

사람들을 이동시키는 데 에너지가 어떻게 사용되는지를 논하려면, 교통(traffic)을 구성하는 두 요소인 수송(transport)과 자력이동(transit)을 분명하게 구별할 필요가 있다. 내가 말하는 **교통**이란 사람들이 집밖으로 나와 한 장소에서 다른 장소로 옮겨가는 것 모두를 의미한다. **자력이동**이란 인간이 자신의 신진대사 에너지를 이용하여 장소를 옮기는 것을 말한다. 반면에 **수송**이란 다른 에너지원에 의존하여 이동하는 방식을 말한다. 오늘날의 에너지원은 주로 모터와 같은 동력장치를 가리키는데, 동물이 에너지원이 되지 못하는 까닭은 이 인구 과잉의 세상에서 당나귀나 낙타처럼 풀을 뜯어먹고 사는 동물이 아닌 한 인간과의 치열한 먹이 경쟁을 피할 수 없기 때문이다.

사람들이 며칠에 걸친 여행은 물론이고 그날그날의 출퇴근을 하는 경우에도 일단 수송의 속주(屬州)가 되면, 그 즉시 사회 정의와 동력을 가진 권력 사이의 모순이 첨예하게 나타나게 된다. 또한 효율적인 이동과 높은 속도 사이의 모순, 개인의 자유와 설계된 여정 사이의 모순도 함께 나타난다. 자기 힘으로 스스로 움직이던 사람들의 공동체가 자동으로 움직이는 기계에 어쩔 수 없이 의존하게 되면, 수송수단의 개선으로 얻을 수 있으리라 기대했던 바로 그 가치를 상실하게 되는 것이다.

인간은 자신의 발로도 충분히 잘 이동할 수 있는 존재다. 좀 더 자세히 따져보면, 이 원시적인 이동수단이야말로 현대 도시나 기업화된 농장에서 생활하는 사람들의 상황과 비교하더라도 상당히 효과적인 수단이다. 현대 미국인들이 평균적으로 그들의 조상과 같은 정도의 거리—주로 지하도로, 복도, 주차장, 상점가일 테지만—를 여전히 걷고 있음을 생각하면, 이 이동수단은 특히 매력적으로 보인다.

자신의 발로 걷는 사람들은 대체로 평등하다. 자기 발에만 의존해 걷는 사람들도 마음만 먹으면 시속 5~6킬로미터의 속도로 어느 방향을 향해서든 이동할 수 있으며, 법에 의해서나 물리적으로 차단된 곳이 아니라면 어디든 갈 수 있다. 물론 이 타고난 이동능력이 새로운 수송 기술로 더 개선될 수는 있겠지만, 그런 개선은 앞서 말한 가치들을 보호하는 것이어야 하며, 이동 범위의 확대나 시간 절약, 안락함, 신체장애자들을 위한 기회 확대 등 뭔가 새로운 가치들을 더하는 것이어야 한다.

그러나 지금까지 그런 일은 일어나지 않았다. 그러기는커녕 수송산업의 성장은 모든 방면에서 역효과를 낳았다. 수송용 기계들이 일정 마력 이상의 동력을 승객들의 등에 얹는 순간부터 이 산업은 인간들 사이의 평등을 후퇴시켰고, 인간의 이동능력을 산업적으로 정한 도로망에 얽어맸으며, 전례 없이 심각한 시간부족 현상을 일으켰다. 수송수단의 속도가 일정 한 한계를 넘으면, 시민들은 그것의 소비자가 되어 집에서 나왔다가 다시 돌아가는 일상의 쳇바퀴에 매이게 된다. 미국 상무부는 이 순환회로에 대해 칫솔을 챙겨 집을 나서는 여행(travel)과 구분하여 통근(trip)이라 부른다.

자기 힘으로 스스로 움직이던 사람들의 사회가 자동으로 움직이는 기계에 의존하면, 그때부터 수송수단의 개선으로 얻을 수 있으리라 기대했던 바로 그 가치를 상실하게 된다.

수송 시스템에 더 많은 에너지를 투입한다는 것은 더 많은 사람들을 더욱 빠르게, 더 확장된 범위로, 매일 정해진 경로를 통해 이동시킨다는 것을 뜻한다. 사람들이 접근할 수 있는 일상의 행동반경은 확대되겠지만, 지인의 집에 잠깐 들른다거나 공원길을 거쳐서 직장에 간다든지 하는 일은 불가능해진다. 이렇게 만인의 노예화를 대가로 해서 얻은 결과가 혜택의 양극화이다. 즉 소수 상류층은 무제한의 거리를 꾸려 평생 원 없을 만큼의 여행 배낭에 챙겨 넣을 수 있지만, 대다수 사람들은 내키지

산업이 과잉 성장하면 반드시 역생산성(counter-productivity)을 낳으며, 이것은 교통에서도 예외가 아니다. 수송용 기계들이 일정 마력 이상의 동력을 승객의 등에 얹는 순간부터 교통은 심각한 시간 부족 현상을 일으킨다. 또한 불평등을 심화하여, 소수는 한가한 시간에 원하는 대로 이동하지만, 다수는 가장 붐비는 시간에 더 먼 곳까지 통근할 것을 강요받는다.

도 않는 이동을 위해 자기 존재의 적지 않은 살점을 베어내야 한다. 그 소수는 마법의 양탄자를 타고서 잠시 머물렀다 떠나는 곳이라는 이유만으로 진기하고도 매력적인 곳이 된 먼 여행지들까지 여행하지만, 다수의 사람들은 더 멀리 더 빠른 속도로 통근하기를 강요받는 동시에 출근 준비나 퇴근 후의 피로 회복에도 많은 시간을 쓰지 않으면 안 된다.

미국에서 사람들이 도로 위에서 쓰는 총시간의 5분의 4는 비행기 탈 일이 거의 없는 통근자나 쇼핑객들이 사용하는 시간이다. 이에 반해 총 비행거리의 5분의 4는 휴양이나 연회 참석차 날아가는 사람들이 차지한다. 해마다 동일한 인구 1.5퍼센트의 이 부류들은 대체로 형편이 넉넉하거나 아니면 공적 업무를 위해 훈련받은 전문 직업인들이다. 속도가 높을수록 그 수송수단은 역진세제(과세액에 반비례하여 세율이 낮아지는 세제—옮긴이)로부터 더 많은 보조금을 받고 있는 셈이다. 자기 의지로 1년에 1회 이상 항공편 여행을 할 수 있는 사람은 미국의 전체 인구 가운데 고작 0.2퍼센트에 지나지 않으며, 다른 나라에서도 이 정도의 제트족을 유지할 수 있는 나라는 거의 없다.

하지만 시간에 매인 통근자나 남을 아랑곳하지 않는 여행자나 수송에 의존하는 것은 매한가지다. 어느 쪽도 수송수단 없이는 이동을 할 수 없다. 보통의 승객이 어쩌다 멕시코 아카풀코로 휴가를 가거나 전당대회에 참석하느라 빠른 속도로 내닫다

보면, 자신이 마치 좁아진 세계를 맹렬한 속도로 질주하고 있는 사람이라도 된 듯 믿게 된다. 어쩌다 기회가 되어 몇 시간씩 좌석벨트를 매고 고출력 수송수단에 앉아있기만 해도, 그는 어느새 인간의 공간을 일그러뜨리는 일의 공범자가 되어, 자기 나라의 지리를 인간 중심으로 생각하기보다는 수송수단 중심으로 보도록 유도를 당한다.

인간은 육체적으로나 문화적으로나 우주 속에 위치한 자신의 자리와 함께 진화해 왔다. 동물들에게 그저 '환경'에 지나지 않는 곳을 인간은 '집'으로 삼을 줄 알게 되었다. 인간의 자아상은 생활공간 및 생활시간을 덧붙일 때 비로소 완성된다. 그리고 그것들은 인간이 이동하는 보폭에 의해 통합된다. 만일 이 관계가 인간 자신의 이동능력이 아니라 수송수단의 속도에 의해 결정되면, 인간은 공간의 설계자로서의 지위를 잃고 단순한 통근자의 위치로 전락하고 만다.

미국인 남성은 대체로 1년에 1,600시간 이상을 자기 차에 바친다. 차가 굴러가거나 멈춰서 공회전을 하는 내내 그는 차 안에 앉아있다. 주차를 하거나 주차한 차를 찾을 때도 시간을 쓴다. 또한 차 구입 계약금을 내고 할부금을 낼 돈을 버는 데도 시간을 써야 한다. 유류비, 통행료, 보험료, 세금, 교통법규 위반 벌금을 내기 위해서도 일을 해야 한다. 눈을 뜨고 있는 시간 16시간 가운데 4시간을 도로 위에서 쓰거나 그것을 위한 돈을 마련하는 데 쓰고 있는 것이다. 더구나 이 수치에는 수송 때문에 해야 하는 다른 일들의 소요 시간은 포함되어 있지도 않다. 즉 교통사고 때문에 병원에 가거나, 즉결 심판을 받거나, 차량 정비소에 가거나, 자동차 광고를 보거나, 더 좋은 신차 구입을 위해 소비자 모임에 나가거나 하는 일은 포함되어 있지 않다.

인간은 육체적으로나 문화적으로나 우주에 위치한 자기 자리를 통해 진화해 왔다. 동물들에게는 그저 '환경'에 지나지 않는 곳을 인간은 '집'으로 삼는다. 인간의 자아상은 생활의 시공간을 덧붙일 때 완성되며, 그것은 바로 이동이 움직이는 보폭에 의해 통합되는 것이다.

미국인은 연평균으로 1만 2,000킬로미터 이동에 1,600시간을 쓰고 있는데, 이것은 시간당 7.5킬로미터에 지나지 않는다. 수송산업을 발전시킬 여력이 없는 나라의 사람들도 이 정도 속도의 걸음으로 원하는 곳 어디든지 가곤 한다. 시간으로 환산한 예산으로 따지면 이들 사회는 미국이 교통에 충당하는 예산 28퍼센트보다 훨씬 적은 3~8퍼센트만을 쓰고 있는 셈이다. 부자나라들과 가난한 나라들의 교통을 가르는 차이는 국민 대다수의 생활시간에서 시간당 이동거리가 얼마인가에 있는 것이 아니다. 그보다는 수송산업이 패키지로 묶어 불평등하게 배급하고 있는 에너지의 강제적 복용량이 몇 시간인가에 있다.

제3장

속도에 마비된 상상력

Speed-stunned Imagination

에너지 소비량이 일정 한계를 넘어서면 그때부터는 수송산업이 사회적 공간의 배열을 지배하게 된다. 자동차도로가 확장되어 이웃들 사이를 가로지르고, 걸어서는 갈 수 없을 만큼 먼 곳으로 농부들의 밭을 옮겨놓는다. 구급차의 출현으로 병원 역시 아픈 아이를 데리고 걸을 수 있는 거리보다 훨씬 먼 곳으로 옮겨간다. 의사가 가정 왕진을 하는 일도 사라질 것이다. 왜냐하면 수송수단이 병원을 아플 때 찾아가기 좋은 곳으로 만들고 있기 때문이다. 대형 트럭이 안데스 고지 마을까지 올라오면 현지 시장은 이내 사라진다. 이렇게 뚫린 포장도로를 따라 고등학교가 마을 광장에 들어올 때쯤이면, 도시로 떠나는 젊은이들도 한층 늘어난다. 저 멀리 수백 킬로미터 밖의 해안 도시로 자식을 떠나보내지 않은 가정이 하나도 없을 때까지 이런 현상은 계속될 것이다.

부자나라든 가난한 나라든 속도가 동일하면 그 속도로 인해 시공간이나 인간 잠재력에 대한 지각이 왜곡되는 효과도 동일하게 나타난다. 나라마다 외양은 다르겠지만 말이다. 어느 나라에서든 수송산업은 그 산업이 새로 만들어낸 지리(地理)와 일정표에 들어맞는 새로운 인간형을 주조한다. 과테말라와 캔자스의 주된 차이점은 다른 데 있는 것이 아니다. 중앙아메리카에는 아직도 수송수단을 전혀 접해본 적이 없는 사람들이 살고 있고, 따라서 그것에 대한 의존이 일으키는 삶의 퇴행을 겪지 않은 사람들이 산다는 데 차이가 있다.

이런 수송산업이 만들어낸 산물이 곧 **상습화된 승객**(habitual passenger)이다. 그는 사람들이 여전히 자기 힘으로 이동하는 세계로부터 떠밀려난 사람이며, 자기 세계의 중심에 서 있다는 느낌을 상실한 사람이다. 상습화된 승객은 늘 시간이 부족하다며 안달한다. 하지만 시간 부족은 매일처럼 승용차, 기차, 버스, 지하철, 승강기에 의지해 이동하는 데서 비롯된 것이다. 그로 인해 사람들은 날마다 평균 30킬로미터의 거리를 이동하게 되었지만, 그래봐야 반경 8킬로미터에도 못 미치는 범위 안에서 바삐 오갈 뿐이다. 그는 늘 자기 발을 땅에서 뗀 채 산다. 지하철을 타고 가든 비행기를 타고 가든 그는 다른 사람보다 느리고 가난하다고 느끼면서, 교통지옥에서 탈출할 능력이 되는 특권적 소수만이 지름길을 차지하고 있는 데 대해 분개한다. 열차시간표 때문에 출퇴근에 지장이 있을 때는 그 역시 차 구입을 꿈꾼다. 러시아워에 시달려 녹초가 될 때는, 차량 정체를 아랑곳하지 않고 달릴 수 있는 속도 자본가(speed capitalist)가 되기를 선망한다. 그로서는 자기 호주머니 돈을 꺼내 차에 쓸 수밖에 없지만, 기업 선단의 지휘자들이 유류비를 회사에 청구하고 렌터카 비용을 업무비로 처리한다는 것을 너무도 잘 알고 있다.

상습화된 승객은 늘 시간이 부족하다며 안달한다. 하지만 시간 부족은 매일처럼 승용차, 기차, 버스, 지하철, 승강기에 의지해 이동하는 데서 비롯된 것이다.

상습화된 승객은 심각한 불평등, 시간 부족, 개인적 무력감과 같은 엉뚱한 종착지에 발이 묶여 있으면서도, '수송에 의한 이동'이라는 똑같은 해법을 더욱 요구하는 것 외에는 이 사슬에서 풀려날 수 있는 방법을 알지 못한다. 그로서는 수송수단, 도로, 시간표 등의 설계에 기술적 개선이 이뤄지기를 기대하거나, 아니면 혁명이라도 일어나서 고속화된 대량수송을 공적 통제 아래 둘 수 있기를 기다리는 수밖에 없다. 하지만 어느 경우에도 그는 이런 미래로 끌려들어가는 데 따른 비용을 계산하지 않는다. 운임의 형태로든 세금의 형태로든 그 자신이 비용을 치러야 할 사람임을 잊고 있다. 개인 승용차들을 같은 속도의 대중적 수송수단으로 대체할 경우 숨은 비용이 들어간다는 사실을 놓치고 있는 것이다.

사람들이 긴 여행은 물론이고 매일의 출퇴근을 하는 경우라도 일단 수송의 지배를 받아들이면, 그때부터 사회 정의와 동력을 쥔 권력 사이의 갈등이 첨예하게 나타난다. 또한 효율적인 이동과 높은 속도 사이의 모순, 개인의 자유와 조작된 이동방식 사이의 모순도 함께 나타난다.

상습화된 승객은 교통의 대부분을 수송에 맡기는 것이 얼마나 어리석은 일인지 이해하지 못한다. 시간과 공간, 인간 잠재력에 대한 선천적인 지각 능력이 산업으로 인해 기형화되었기 때문이다. 그는 승객으로서의 역할을 벗어나서 스스로를 바라보는 능력을 잃어버렸다. 수동적으로 실려 가는 데 중독이 되어 인간의 두 발에 깃들어 있는 물리적이고 사회적이고 정신적인 힘을 발휘하는 법을 잊고 말았다. 그는 쫓기듯 내달리는 동안 지나가는, 창밖의 닿을 수 없는 풍경을 자기 영토라 생각한다. 그는 자신의 영역을 구축하는 능력을 잃은 나머지, 그 영역에 자기 흔적을 표시하거나 자주적 권리를 주장할 수도 없게 되었다. 나아가 타인을 자기 존재 안으로 받아들이고 타인과 공간을 나눌 수 있는 힘이 자신에게 있다는 사실조차 믿지 못하게 되었다. 그는 혼자서는 더 이상 먼 곳을 바라볼 엄두도 내지 못한다. 혼자 있을 때면 움직일 수 없다는 느낌이 들기 때문이다.

상습화된 승객이 이 기묘한 세상—타인과의 접촉이나 고립이 모두 수송의 산물인 세상—에서 안도감을 느끼려면, 새로운 믿음과 소망의 체계를 가져야만 한다. 그에게 '모인다'는 말은 수송수단에 의해 한 곳으로 실려 가는 것을 말한다. 그가 믿는 바에 따르면, 시민의 정치적 힘은 수송 시스템의 수용능력으로부터 나오거나, 그런 시스템이 없을 경우 TV 화면을 켜는 데서 비롯된다. 그에게 이동의 자유란 추진력을 요구할 권리와 같은 것이다. 따라서 그는 민주적 정치 수준 역시 수송 및 통신 시스템의 능력과 관계있다고 믿는다. 그는 인간의 두 발과 혀가 얼마나 큰 정치적 힘을 갖고 있는지 믿지 못하는 사람이다. 결국 그는 더 많은 시민적 자유가 아니라 더 나은 고객 서비스를 원하고 있는 셈이다. 그는 스스로 이동하고 타인에게 말을 걸 자유를 주장하기보다는, 어딘가로 실려 가거나 대중매체가 주는 정보를 앉아서 받기를 요구한다. 그가 원하는 것은 생산물의 개선이지 그 생산물이 만든 예속상태로부터의 자유가 아니다.

그의 사활은 바로 이런 사실들을 이해하는 데 달려있다. 즉 그가 요구하는 속도가 자멸적인 것이며, 결국에는 공평성과 여가시간과 자율성만 더욱 축소하리라는 사실을 인식하는 데 그의 앞날이 달려있는 것이다.

제4장

시간 횡령

Net Transfer of Lifetime

제한받지 않는 속도는 값이 비싸게 먹히며, 따라서 그것을 누릴 수 있는 사람도 적다. 수송수단의 속도가 높아지면 추진력을 얻거나 궤도를 건설하는 데 드는 비용도 증가하고, 수송수단의 운행으로 잠식되는 공간 역시 극적으로 늘어난다. 최고 속도로 이동하는 승객의 에너지 소비량이 일정 한계를 넘어서면, 이들 속도 자본가들로 인한 계급 구조가 전 세계적으로 나타난다. 시간이 갖는 교환가치가 어떤 가치보다 지배적인 가치가 되고, 이런 현상이 언어에까지 반영된다. 시간을 지출한다(spend), 절약한다(save), 낭비한다(waste), 투자한다(invest), 충당한다(employ)는 등의 표현이 등장하는 것이다. 이처럼 사회가 정한 가격표가 시간에 붙으면, 그때부터는 수송수단의 속도가 높아질수록 그에 반비례하여 공평성이 저하되는 현상이 나타난다.

빠른 속도는 소수 사람들의 시간을 엄청난 평가액으로 자본화하는 반면, 역설적으로 모든 사람들의 시간을 그 대가로 희생시킨다. 인도 뭄바이에 사는 사람들 가운데 자기 차를 소유한 사람은 극소수에 불과하다. 그들은 반나절이면 다른 주의 주도(州都)까지 갈 수 있는데, 대개는 한 주에 한 번 정도 다녀온다. 두 세대 전까지만 해도 연 1회에 도보로 1주일이 걸리던 것을 생각하면, 그때보다 더 많은 시간을 들여 더 자주 여행하는 셈이다. 하지만 이 소수는 그들이 굴리는 차로 뭄바이 시내를 다니는 수천 대의 자전거나 삼륜자전거의 교통 흐름을 방해한다. 런던, 뉴욕 중심가를 메운 차량들보다 더 효율적으로 이동하는 뭄바이의 자전거들을 말이다.

이와 같이 한 사회에서 수송과 관련된 다방면의 시간 소요는 소수 사람들이 고속 이동으로 얻는 시간 절약보다 더 빠르게 증가하는 경향이 있다. 필요할 때 손쉽게 이용할 수 있는 수송의 특성으로 인해 교통량이 무제한으로 늘어나기 때문이다. 인간을 이동시키기 위해 구축한 산업의 산출량이 임계점을 넘어서면, 그때부터 그 사회는 절약한 시간보다 더 많은 시간을 비용으로 써야 한다. 소수 사람들은 속도 증가에 따른 **한계효용**을 누리겠지만, 대다수 사람들은 이로 인해 더 많은 **한계비효용**을 대가로 치러야 한다.

속도가 임계점을 넘어서면 그 누구도 타인의 시간 손실을 강요하지 않고서는 자기 시간을 절약할 수 없다. 더 빠른 수송수단에 앉아있는 사람은 느린 수송수단을 이용하는 승객의 시간보다 자기 시간이 더 가치 있다고 주장하는 셈이다. 일정 속도 이상으로 이동하는 승객은 타인의 시간을 소비하는 사람이며, 고속 수송수단은 생활시간의 순 이전(net transfer)을 일으키는 도구가 된다. 그렇게 이전되는 시간이 어느 정도인가는 속도의 빠르기로 측정할 수 있다. 이러한 시간 횡령은 뒤처진 사람들의 시간을 빼앗음으로써 가능한데, 이런 사람들이 대다수를 이루는 까닭에 이 문제는 신장투석이나 장기이식보다 훨씬 더 보편적인 차원의 윤리적 쟁점을 낳는다.

한 사회에서 수송에 소요되는 시간은 소수 사람들이 고속 이동으로 절약하는 시간보다 항상 더 빠르게 증가하는 경향이 있다.

일정 속도 이상의 동력을 갖춘 수송수단들은 그것들에 의해서만 단축시킬 수 있는 원거리를 만들어낸다. 모든 이들에게 새롭게 거리(distance)를 만들어 얹어주는 반면, 극소수 사람들을 위해서는 거리를 단축시켜 주는 것이다. 밀림 한가운데 신작로가 새로 뚫린 덕에 대다수 브라질 영세농들도 먼 도시를 시야에 넣을 수 있게 되었지만, 여전히 거기에 가 닿을 수 없는 것과 마찬가지다. 새로 건설한 고속도로로 인해 시카고의 시 경계는 팽창하겠지만, 차량 이동이 가능한 사람들을 도심으로부터 빨아들임으로써 도심을 빈민가로 퇴락시키는 것도 그러하다.

빠른 속도가 가능해지면 수송은 속도에 맞추어 목적지의 위계를 세운다. 목적지마다 거기에 맞는 속도가 정해지게 되고, 그것을 이용할 수 있는 승객의 등급까지 규정하는 것이다. 새 노선이 생길 때마다 그것에 못 미치는 능력을 가진 사람들은 낙오를 면치 못한다.

도로와 역참제도를 처음 만든 페르시아의 키루스 왕(Cyrus II) 시대에서부터 증기기관 시대에 이르기까지 인간의 속도에는 큰 변화가 없었다. 소식이 이동하는 속도는 어떤 방식으로 그 전갈을 실어 나르든 하루 150킬로미터를 넘을 수 없었다. 잉카의 파발꾼도, 베네치아의 갤리선도, 페르시아의 기마병도, 루이 14세 때의 우편마차도, 그 장벽을 넘을 수 없었다. 폴 발레리의 말을 빌리자면, "나폴레옹조차 아직은 카이사르의 더딘 속도로 움직일 수밖에 없었다."(*Napoleón va à la même lenteur que César.*) 황제 역시 "승합마차들의 수입이 백성의 번영을 재는 척도"(*On mésure la prospérité publique aux comptes des diligences*)임을 알고는 있었지만, 마차 속도를 올리기 위해 할 수 있는 일이 거의 없었던 것이다. 파리에서 프랑스의 가장 남쪽 도시인 툴루즈까지 오가는 데 로마시대에는 약 200시간이 걸렸는데, 1782년 정기 승합마차로도 여전히 158시간이 소요되었다. 인간이 가속도를 얻은 것은 19세기가 되면서부터다. 1830년 무렵 이 이동시간은 110시간으로 줄었다. 하지만 그러기 위해서는 새로운 대가를 치러야 했다. 같은 해에 프랑스 전체에서 4,150대의 승합마차가 전복되어 1천 명 이상의 사망자가 생긴 것이다. 그 후 철도가 놓이면서 갑작스런 변화가 찾아왔다. 1855년경 나폴레옹 3세가 열차를 타고 파리와 마르세유 사이를 평균시속 96킬로미터로 여행했다는 기록이 있다. 한 세대도 안 되어 프랑스인들이 한 해 평균 이동하는 거리는 130배로 증가했고, 영국 철도망도 최대의 확장을 이루었다. 여객용 열차들은 유지 보수와 운행에 소요되는 시간 모두를 따져 계산한 최적의 비용으로 운영되었다.

그러나 빠른 속도가 가능해지자 수송은 차츰 교통을 지배하기 시작했고, 속도에 맞추어 목적지의 위계를 세우기에 이르렀다. 그리하여 이제는 가고자 하는 목적지마다 거기에 맞는 속도가 정해지게 되었고, 그것을 이용할 수 있는 승객의 등급까지 규정하게 되었다. 목적지로 가는 노선이 새로 생길 때마다 노선 속도에 못 미치는 시간당 속도를 가진 사람들은 자존감에 상처를 입게 되었다. 자신의 체력만으로 움직여야 하는 사람들은 발달이 덜 된 미개인 취급을 받기에 이른 것이다. "당신이 어떤 속도로 움직이는지 말해 달라. 그러면 당신이 누구인지 가르쳐주겠다." 만일 당신이 보잉 여객기에 연료로 주입되는 세금을 좌우하는 사람이라면 당신은 틀림없이 최상위 계급일 것이다.

지난 두 세대를 거치는 동안 수송수단은 사회적 성공을 나타내는 표식이 되었다. 학교 졸업장이 출발상의 이점을 말해주는 표식이 된 것처럼 말이다. 새로운 수준의 속도가 생길 때마다 집중화된 권력은 반드시 그것을 정당화하는 자체의 근거를 만들어낸다. 그리하여 더 먼 거리를 더 짧은 시간 안에 여행하려는 사람에게 왜 공적 자금을 써야 하는가의 근거로서, 그를 더 오랜 기간 동안 학교에 다니게 하는 데도 막대한 투자를 하지 않았느냐는 논리가 흔히 붙곤 한다. 자본집약적인 생산도구로서 그가 지니는 가치가, 그를 실어 나르는 수송수단의 등급까지 결정한다는 얘기다.

속도가 높아지면 동력은 불가피하게 소수의 좌석 밑에 집중될 수밖에 없다. 그와 함께 대다수 통행자들의 시간 부족은 더욱 심화되며, 뒤에 처졌다는 느낌 역시 가중될 수밖에 없다.

문을 열고 타인이 대신 비용을 지불해준 화려한 객실로 들어서는 데는 '좋은 교육' 외에 다른 이데올로기적 장치들도 활용된다. 가령 마오 주석의 교시를 중국 전역에 당장 전파하기 위해 제트기가 필요하다는 말은 결국 혁명을 이어가는 데 두 계급이 있어야 한다는 의미일 뿐이다. 한 계급은 대중의 지리 반경 안에서 사는 사람들일 것이고, 다른 계급은 당 간부의 지리 반경에서 생활하는 사람들일 것이다. 인민들의 중국이 그나마 중간 수준인 속도마저 억제함으로써 더 효율적이고 합리적인 권력 집중을 이룬 것은 틀림없는 사실이다. 그러나 그로 인해 소를 타고 다니는 사람의 시간과 제트기를 타는 사람의 시간 사이에 새로운 차이가 생겨난 점은 과소평가되고 있다. 속도가 높아지면 동력은 불가피하게 소수의 좌석 밑에 집중될 수밖에 없다. 그와 함께 대다수 통행자들의 시간 부족은 더욱 심화되며, 뒤에 처졌다는 느낌 역시 가중될 수밖에 없다.

산업사회에서 불평등한 특권이 불가피하다는 주장은 대체

로 두 가지 측면을 갖는 논거에 의존하고 있다. 이 논거가 왜 위선인지는 속도 문제를 들여다보면 분명하게 알 수 있다. 특권은 계속 증가하는 인구 전체의 생활을 개선하는 데 불가피한 전제 조건인 양 설명되거나, 궁핍한 소수의 생활수준을 끌어올리기 위한 수단으로 선전되곤 한다. 하지만 장기적으로 볼 때 수송의 가속화는 이 두 가지 가운데 어떤 일도 하지 않는다. 동력장치를 단 수송수단들에 대한 보편적인 수요만 촉발하거나, 이전에는 생각지도 못했던 거리(distances)를 특권의 각 수준에 맞춰 안겨줄 뿐이다. 일정 수준을 넘어설 경우 에너지의 증가는 곧 공평성이 줄어드는 것을 의미한다.

제5장

가속의 비효율성

The Ineffectiveness of Acceleration

소수에게 최고 속도를 허용하는 것과 **모두에게** 빠른 속도를 허용하는 것은 전혀 다른 종류의 대가를 요구하는 일이다. 속도의 소수 집중으로 인한 사회의 계급화는 권력의 순이전(net transfer)을 강제적으로 일으킨다. 아무리 시간을 들여 열심히 일해도 가난한 이들은 결국 뒤처지기 위해 그렇게 하는 셈이다. 만일 속도 사회에서 중간 계급에 위치한 사람이라면 이런 차별을 보고도 못 본 체하고 싶어질 수 있겠지만, 수송의 한계비효용이 늘어나고 자신의 여가시간이 줄어드는 것까지 못 본 체해서는 안 된다. 이와 달리, 모든 사람에게 빠른 속도를 허용한다는 것은 모두에게 있어 자신을 위해 쓸 시간이 줄어든다는 것을 의미한다. 사회 전체가 보유한 시간 예산 가운데 더 많은 몫을 떼어 사람들을 이동시키는 데 써야 하기 때문이다. 그런데 일정 한계 이상의 속도로 달리는 수송수단은 단지 불평등을 가중시키는 데 그치지 않고 제 잇속만 차리는 산업을 불가피하게 만들어낸다. 이 산업이 하는 일이라고는 기존 이동 시스템의 비효율성을 기술 개선이라는 허울로 가리는 것뿐이다.

나는 속도를 제한하는 것이 단지 공평성을 지키기 위한 일만은 아니라는 것을 보여주고자 한다. 속도 제한은 한 사회 안에서 이동의 총거리를 늘리는 동시에 이동에 들어가는 총시간을 줄이기 위한 조건이기도 하다.

개인과 사회가 가진 하루 24시간의 시간 예산에 대해 수송수단이 미치는 영향을 심도 있게 다룬 연구는 아직 없는 듯하다. 물론 거리 당 시간 비용, 화폐나 이동거리로 환산한 시간 가치 등의 통계는 수송에 관한 기존 연구에서도 얻을 수 있다. 하지만 이 통계들은 수송의 숨은 비용에 관해서는 아무것도 말해주지 않는다. 교통이 어떻게 우리의 생활시간을 갉아먹는지, 수송수단이 어떻게 공간을 잠식하는지, 수송수단의 도입으로 인해 단거리 이동 수요가 얼마나 증대하는지, 또는 이동할 준비를 하는 데 직간접적으로 소요되는 시간이 얼마인지, 전혀 말해주는 바가 없다. 또한 수송에 묻혀 있는 외부비용이 얼마나 되는지를 잴 수 있는 척도도 없다. 예컨대 교통이 편한 지역에 사느라 추가로 물고 있는 집세가 얼마인지, 차량으로 인해 발생하는 소음과 공해, 생명과 신체상의 위험에 얼마의 비용이 들어가는지 알 수가 없다.

하지만 시간 예산에서 나가는 경비를 계산할 방법이 없다고 해서 그러한 계수 작업이 불가능하다고 믿어야 할 이유는 없다. 또한 그 경비가 얼마가 되었건 우리가 이미 알고 있는 일부 사실들로부터 결론을 끌어내지 못할 이유도 없다.

우리의 제한된 정보로 판단하건대, 세계 어디서나 어떤 수송수단이 시속 25킬로미터의 속도 장벽을 넘으면 그때부터 교통으로 인한 시간 부족이 나타나기 시작하는 것으로 보인다. 교통산업이 이러한 1인당 산출량의 임계점에 도달하는 순간부터 수송은 인간을 새로운 종류의 떠돌이로, 즉 아무리 그날 안에 목적지에 도달하려 해도 자력으로는 거기에 이를 수 없는, 목적지에서 늘 이탈해 있는 존재로 만든다.

사람들은 이제 일터까지 가는 데 쓰는 비용을 버느라 하루의 상당 시간을 일해야 한다. 한 사회가 수송에 소비하는 시간은 그 사회가 가진 가장 빠른 공공 교통수단의 속도에 비례하여 증가한다. 가장 바삐 일하는 일본이 현재 두 가지 모두에서 미국을 앞서 있다는 사실은 의미심장하다. 사람들을 정상적 삶을 영위하도록 지켜주고 또 공간을 왜곡하는 일이 없도록 지켜주던 방어벽이 수송수단들로 인해 무너지는 즉시, 우리들의 생활시간은 교통이 발생시킨 활동들에 의해 엉망이 되고 말았다.

고속도로를 날아갈 듯 달리는 수송수단이 공공의 것이든 개인의 것이든 관계없이, 속도가 증가할수록 시간 부족이 심화되고 교통의 과잉 계획화가 일어나는 것은 동일하다. 한 사람을 일정 거리만큼 실어 나르는 데 있어 버스는 승용차가 사용하는 연료의 3분의 1밖에 쓰지 않는다. 통근열차는 승용차보다 최대 10배의 효율을 낸다. 버스와 열차 모두 효율은 더욱 높이고 오염은 더 줄이는 일도 가능하다. 이것들을 공영화해서 합리적으로 운영한다면, 잘 짜인 운행일정과 노선 등으로 사적 소유와 무능한 관리시스템이 만들어낸 기존의 특권들을 상당 부분 줄일 수 있을 것이다.

속도를 제한하는 것은 단순히 공평성을 지키기 위한 일만은 아니다. 속도 제한은 한 사회에 있어서 이동의 총거리를 늘리는 동시에 이동에 들어가는 총시간을 줄이기 위한 조건이기도 하다.

그러나 어떤 수송 시스템이건 무제한의 속도를 대중에게 부과하는 한 이들에게 남는 선택지는 두 가지일 수밖에 없다. 즉 더 많은 사람을 이 역에서 저 역으로 실어 나르기 위해 더 많은 시간을 비용으로 지불하거나, 세금 지출을 줄여서 소수의 사람들만을 남보다 더 짧은 시간 안에 이동시키거나 하는 것뿐이다. 결국 한 사회 전체의 시간 예산 가운데 교통에 들어가는 몫이 어느 만큼인가는, 그 수송 시스템이 허용하는 최고 속도가 어떤 자릿수인가에 따라 결정되는 것이다.

제6장

수송산업의 근본적 독점

The Radical Monopoly of Industry

이동 속도의 바람직한 상한(上限)에 대해 유익한 토론을 하려면 자력이동(transit)과 동력에 의한 수송(transport)을 구별하는 데서 다시 시작하지 않으면 안 된다. 그런 다음 내가 앞에서 교통(traffic)이라 불렀던 인간 이동능력 전체에 대하여 각각의 이동방식이 어떤 기여를 하는지 비교해야 한다.

수송은 자본집약적인 교통 방식을 가리키며, 자력이동은 노동집약적인 교통 방식을 말한다. 특히 수송은 산업이 만든 생산물로서 승객을 그 고객으로 한다. 그것은 상품이며, 따라서 당연히 희소성을 띤다. 수송수단의 성능 향상이 일어나는 것도 언제나 이런 희소성이라는 조건 때문이다. 그러나 이 희소성은 운행의 속도가 빨라질수록 비용 증가와 함께 더 심화되는 특징이 있다. 즉 미흡한 수송을 개선하려는 투쟁은 한쪽 편에서 얻는 만큼 다른 편에서 잃는 제로섬 게임의 형태를 띠는 것이다. 이런 투쟁에서 가능한 해법은 기껏해야 '죄수의 딜레마'* 같은 것뿐이다. 즉 간수에게 협조하여 두 죄수 모두 다소나마 형기를 줄이고 감옥에서 나오는 방법밖에 없다.

이와 달리 자력이동은 산업이 만들어낸 생산물이 아니라 이동자의 독립적인 활동이다. 당연히 사용가치를 지니지만 교환가치를 지녀야 할 이유는 없다. 자력이동 능력은 인간에게 타고난 것으로, 비슷한 연배의 건강한 사람이라면 누구나 큰 차이 없이 갖고 있는 능력이다. 그러나 곧은 경로로 갈 권리를 특정계급 사람들에게서 빼앗는다거나 특정지역 인구에게 신발이나 포장도로 자체가 부족할 경우, 이 능력의 행사는 제한을 받을 수밖에 없다. 따라서 불충분한 자력이동의 조건을 개선하려는 투쟁은 제로섬 게임과는 전혀 다른 형태를 띠는 경향이 있다. 즉 이 게임에서는 모든 사람이 이득을 본다. 울타리 친 사유지를 질러갈 권리를 새로 확보하게 된 사람들뿐 아니라, 새로 뚫리는 도로에 땅을 내준 소유주들도 이득을 볼 수 있다.

교통이란 어떤 종류든 근본적으로 상이한 두 가지 생산양식이 낳은 소산이다. 이 생산양식들이 함께 조화를 이루어 서로를

* 두 사람의 공범에게 상대가 모르게 다음 세 가지를 제안하고 결과를 예측하는 게임 이론의 하나. 1) 한 사람이 범죄를 자백하고 다른 사람이 자백하지 않을 경우, 전자는 풀어주고 후자는 중형을 살게 한다. 2) 두 사람 모두 자백할 경우 경미한 형을 살게 한다. 3) 두 사람 모두 자백하지 않을 경우 둘 다 풀어준다. —옮긴이.

보완할 수 있으려면 산업 생산물의 잠식으로부터 인간의 자율적 산출물을 지켜내야 한다.

그럼에도 지금의 교통이 폐해를 낳는 것은 수송이 교통을 독점했기 때문이다. 승객들은 속도의 매력에 빠진 나머지 자본집약적 교통을 생산하는 산업이 내거는 약속들을 의심 없이 믿고 있다. 자신의 힘만으로 이동할 때는 벗어날 수 없었던 자율성의 한계를, 빠른 수송수단 덕분에 넘어설 수 있게 되었다고 믿는다. 즉 계획화된 수송이 노동집약적인 이동보다 우월하다고 믿고 있는 것이다. 자연 환경의 파괴는 이러한 양보가 낳은 폐해의 하나일 뿐이다. 그보다 더 쓰라린 결과는 심리적 좌절감이 갈수록 깊어지고 있다는 것이며, 생산이 지속될수록 비효용성이 늘어나고 심지어 권력의 부당한 이전까지 순순히 받아들이게 되었다는 점이다. 이 모두가 생활시간과 생활공간 사이의 관계가 왜곡되었음을 보여주는 현상들이다. 수송이 독점한 세상에서 사는 데 동의한 승객들은 자기들로서는 통제할 수 없는 길이와 형태로 이루어진 거리(distance)들을 너무 자주 너무 과도하게 소비하게 된다.

자력이동은 산업이 만들어낸 생산물이 아니라 이동자의 독립적인 활동이다. 당연히 사용가치를 지니지만 교환가치를 지녀야 할 이유는 없다.

속도를 강요하는 사회는 수송에 이익을 주기 위해 자력이동을 가로막는다. 고속 수송수단을 이용하지 않는 사람들에게 특혜는 고사하고 기본적인 필요마저 충족시켜 주지 않는 사회에서, 개인의 생활리듬은 본의 아니게 빨라질 수밖에 없다. 일상생활이 동력을 이용한 이동에 의존하는 그 순간부터 산업은 교통을 지배한다.

인간의 타고난 이동능력에 대해 수송산업이 행사하는 이 근본적 통제력은, 포드사가 자동차 시장에서 확보하려는 상업적 독점이나 자동차 제조업이 버스와 열차에 대해 행사하는 정치적 독점보다 훨씬 치밀한 독점을 형성한다. 이 독점은 특성상 은밀한데다 견고한 구조로 구축되기 때문에 나는 그것을 '근본적 독점'(radical monopoly)이라 부르고자 한다. 예전이라면 개인이 알아서 해결했을 필요의 충족을 산업이 지배할 때 그 산업은 이런 종류의 뿌리 깊은 독점을 행사한다. 높은 출력을 내는 상품(동력을 갖춘 수송수단)의 강제적 소비는, 풍부한 사용가치(선천적인 자력이동 능력)를 향유하기 위한 여러 조건들을 제약한다. 이런 점에서 교통은 일반 경제법칙의 틀을 제공하기까지 한다. **즉 산업 생산물의 1인당 할당량이 일정 한도를 넘어서면, 그 생산물은 필요의 충족에 대하여 근본적인 독점을 행사한다는 것이다.** 일정 한도를 넘어서면 의무적 학교교육은 배움을 위한 환경을 파괴하고, 의료제도는 건강의 의료외적 원천을 고갈시키며, 수송은 교통을 질식시킨다.

근본적 독점은 우선, 산업 산출량 중 가급적 큰 몫을 소비할 수 있는 사람들에게 이익을 주는 방향으로 사회를 재편함으로써 수립된다. 그 다음에는 생산을 현재처럼 이어나가기 위한 산출량의 최소치를 모든 사람에게 강제 소비시킴으로써 유지된다. 이러한 강제적 소비는 산업 분야에 따라 각기 다른 외양을 띠게 마련이다. 교육이나 의료와 같이 전달되는 정보량이 기준이 되는 분야가 있는가 하면, 주택이나 의류나 수송과 같이 소비 열량 단위로 양을 측정할 수 있는 분야가 있다.

> **과거라면 개인이 알아서 해결했을 필요의 충족을 산업에 의존하지 않고서는 해결할 수 없을 때, 그 산업은 독점을 행사하고 있는 것이다. 이 독점은 특성상 은밀하고 견고한 구조로 구축되기 때문에 '근본적 독점'이라 부를 수 있다.**

가치의 산업적 상품화가 어느 한계까지 가능한지는 생산물마다 각기 다르다 해도, 주요 부문의 산출물에 대해 각각의 한계치가 몇 자릿수인지 확인하는 일은 이론적으로 가능하다. 물론 수송이 어느 속도 수준에서부터 교통을 근본적으로 독점하기 시작하는지 이론적으로 확인할 수 있다고 해서, 한 사회가 그런 독점을 얼마만큼 견뎌낼 수 있는지를 이론적으로 확인할 수 있는 것은 아니다. 의무교육의 어느 수준에서부터 보고 행함으로써 배우는 학습방식의 질이 저하되는지 확인할 수 있다고 해서, 한 문화가 감당할 수 있는 일방식 교육의 한계가 어디까지인지 알 수 있는 것은 아니다. 법적인 과정, 그리고 무엇보다 정치적

자전거는 인간을 더 빠른 속도로 이동시키면서도 공간, 시간, 에너지를 적게 쓴다. 자전거는 또한 이용자에게 연간 이동거리를 늘려준다. 자전거는 인간의 행동반경을 넓히면서도 보행이 어려운 길로 가라고 떠밀지도 않는다. 자전거를 탈 수 없는 곳에서는 그냥 밀고 가면 되니까.

과정에 의지할 때에야 비로소 한 사회에서 속도나 의무교육을 실질적으로 제한할 수 있는 구체적 조치들이 무엇인지 생각할 수 있을 것이다. 이렇게 자발적으로 정하는 한계가 어떤 수준이어야 하는지는 정치에 맡길 문제이고, 우선은 근본적 독점이 어떤 방식으로 사회적 폐해를 끼치는지 이해해둘 필요가 있다.

한 산업 분야가 사회 전체에 근본적 독점을 행사하는 것은, 단순히 그 산업이 희소한 제품을 생산하고 있거나 다른 경쟁 산업을 시장에서 몰아냈기 때문이 아니다. 그보다는 해당 산업만이 충족시킬 수 있는 '필요'를 고안해내고 형성하는 능력을 확보했기 때문이다.

라틴아메리카 여러 나라에서는 신발이 부족한 탓에 제대로 된 신을 신고 다니지 않는 사람들이 다수를 이룬다. 그들은 맨발로 걷거나 직공들이 만든 참으로 다종다양한 멋진 샌들을 신는다. 신발이 부족하다고 해서 그들의 자력이동이 제한을 받는 일은 절대로 없다. 그러나 남아메리카 일부 나라에서 맨발을 한 사람들에 대해 학교나 직장이나 공직에 들어오는 것을 막은 이후로 사람들은 어쩔 수 없이 신발을 신게 되었다. 교사나 관료들은 신발을 신지 않는 것이 '발전'에 대해 관심이 없다는 표시라도 되는 양 단정한다. 국가발전 설계자들과 제화산업이 무슨 의도적 공모를 한 것도 아닌데 이들 나라에서는 맨발로는 사무실 문을 들어설 수 없게 되었다.

학교도 신발과 마찬가지로 늘 부족한 상태다. 하지만 학교가 배움의 장벽이 된 것은 특권을 누리는 소수 학생들 때문이 결코 아니다. 학교교육을 무상 의무교육으로 실시하는 법이 제정되자 교육전문가들은 이 교육 치료법의 저소비자들에 대해 일하면서 배울 기회를 막을 수 있는 권한을 쥐게 되었다. 학교 출석이 의무화되자 이때부터 학교에 다닌 적도 프로그램화된 교육을 받은 적도 없는 사람이 적응하기 어려운, 더욱 복잡해진 인위적 환경을 모두에게 강제하는 것이 가능해졌다.

근본적 독점의 잠재적 위험은 특히 교통의 경우에 어김없이 실현된다. 상상해보라. 수송산업이 어떤 식으로든 그 산출물을 더 적절하게 분배하게 될 때 무슨 일이 벌어질까? 모두가 무료로 쾌속 수송수단을 이용할 수 있는 교통 유토피아가 건설되면, 불가피하게 인간 삶에서 교통이 차지하는 몫이 늘어날 수밖에 없다. 이 유토피아는 과연 어떤 모습일까?

모든 교통은 대중 수송시스템을 중심에 두고 편성될 것이며, 그 재원은 터미널이나 직장까지의 근접성을 기준으로 한 누진세를 통해 마련될 것이다. 또한 그 설계는 누구나 선착순으로 좋은 좌석을 먼저 차지하는 방식, 다시 말해 의사든 행락객이든 대통령이든 우선순위를 주지 않는 방식으로 이루어질 것이다. 이 헛된 망상의 낙원에서 승객 모두는 평등을 누리겠지만, 그에 못지않게 수송에 포획된 소비자로서도 평등을 누릴 것이다. 동력에 의해 돌아가는 이 유토피아의 시민들은 너나할 것 없이 자기 발을 이용할 기회를 빼앗기고, 구석까지 침투한 수송망의 노예로 징발될 것이다.

기적을 행할 수 있다고 자임하는 사람들이 있다. 그들은 설계자의 모습을 하고 나타나서는 교통의 이율배반으로부터 벗어날 수 있는 그럴 듯한 방법이 있다고 제안한다. 그들의 기준에 따르면, 속도 증대가 오히려 불공평, 시간 손실, 제한된 일정표 등을 강요하는 것은 사람들이 수송수단을 최적으로 이용할 수 있는 생활패턴 및 생활궤도에 따라 살지 않기 때문이다. 이들 미래주의 설계자들은 자급자족의 높은 탑들에 사람들의 거주지를 마련하고 고속의 캡슐들이 달리는 선로로 그것들을 서로 연결하자고 한다. 파울로 솔레리(Paolo Soleri), 독시아디스(C. A. Doxiadis), 버크민스터 풀러(R. Buckminster Fuller) 같은 도시건축가들은 고속 수송이 낳은 문제를 해결함에 있어 인간의 거주방식에 문제의 핵심이 있다는 입장을 취한다. 인간을 위해 어떻게 지표면 공간을 확보할지 묻기에 앞서, 산업 생산물들에 맞게 뜯어고친 지상 위에다 인간을 정주시키는 데 필요한 보호구역을 어떻게 마련할지 묻고 있는 것이다.

제7장

가늠하기 어려운 속도의 한계

The Elusive Threshold

수송에 있어 적정 속도를 제시하는 일은 이미 수송에 익숙한 승객에게는 괜한 변덕이거나 미친 짓처럼 보이겠지만, 당나귀를 타고 다니는 사람에게는 마치 날아가는 새를 붙잡으려는 일처럼 보일 것이다. 상습화된 승객에게 보행의 4~6배 빠르기는 고려할 가치도 없을 만큼 느린 속도이지만, 여전히 자기 힘에 의지해서 걷는 인류의 4분의 3에게는 한계라는 느낌을 전달하기도 어려울 만큼 빠른 속도이기 때문이다.

타인의 주거, 교통, 교육을 설계하는 사람들은 모두 탑승자 계급에 속한 사람들이다. 그들이 동력의 도입을 강력히 주장하는 것은, 그들을 고용한 사람들이 속도 증가를 높이 평가하고 있기 때문이다. 그리하여 사회과학자들은 인도 캘커타와 칠레 산티아고에 가서 컴퓨터를 이용한 교통 모델을 세우고, 공학자들은 '교통 흐름'(traffic flow)이라는 추상적 개념에 따라 모노

레일 망을 설계한다. 그러나 이들 설계자들이 산업에 의한 문제 해결을 굳게 믿는 한 교통정체 문제를 풀 진정한 해법은 찾기 어려울 것이다.

이들은 동력의 효용을 너무 확신하는 나머지 오히려 동력을 포기할 때 비교할 수 없을 만큼 큰 효과를 거둘 수 있다는 사실을 보지 못한다. 교통공학자들은 인간의 이동능력과 차량의 수송능력을 하나의 시뮬레이션 모델로 통합해보려는 노력조차 하지 않는다. 최적의 교통 흐름을 확보하기 위해 속도를 포기하거나 늦추는 방법도 있다는 발상은 이 공학자들에게 불가능하다. 한 도시 내에서 동력으로 움직이는 모든 수송수단은 자전거의 속도를 넘지 못한다는 조건을 넣어 컴퓨터 프로그램을 짜보려는 생각 같은 것은 해본 적도 없다. 돼지들을 몰고 장에 가는 인도 농부를 랜드로버에 앉아 측은하게 내려다보는 개발전문가로서는 두 발이 가진 상대적 이점을 결코 알 수 없기 때문이다. 트럭이 없는 이 농부 덕분에 열 명의 마을사람이 길에서 시간을 허비하지 않아도 된다는 사실을 이 전문가는 자주 잊는다. 자기 자신과 가족 모두 하루의 주된 일과를 교통량을 늘리는 일에 바치고 있으면서도 말이다. 끝없는 진보의 관점으로 인간의 이동능력을 이해하는 사람에게 교통의 '적정' 수준이란 있을 수 없다. 있다면 현재까지 도달한 기술 수준 때문에 어쩔 수 없이 받아들인 일시적 타협 정도가 있을까?

인도 사람이나 중국 사람을 거론할 것도 없이 대부분의 멕시코 사람만 봐도 상습화된 승객들과는 전혀 다른 입장에 있음을 알 수 있다. '제한속도' 같은 말은 소수를 제외하고는 누구도 알지 못하고 생각하지도 못하는 개념이다. 여전히 그들은 자력으로 이동하는 사람들의 계급에 속해 있기 때문이다. 물론 그들 중에는 오래전에 동력을 단 수송수단을 타고 감행했던 모험의 기억을 간직하고 있는 사람도 있다. 하지만 대다수는 제한속도나 그 이상의 속도로 먼 거리를 여행해본 경험이 전혀 없다. 게레로 주와 치아파스 주 같은 멕시코의 전형적인 2개 주에서 1970년 한 해 동안 단 한 번이라도 10마일(16km) 거리를 1시간 안에 이동해본 사람은 주민의 1퍼센트에도 미치지 못한다. 이따금 주민들을 가득 실은 수송수단이 다소나마 교통 편의를 제공하는 것도 사실이지만, 그래봐야 자전거 속도보다 약간 빠른 정도에 불과하다. 삼등버스가 농부와 그의 돼지를 함께 싣고서 중량으로 시비 벌이는 일도 없이 장에까지 실어다주곤 하는데, 이런 방식으로 동력이 주는 편안함을 알게 되었다고 해서 그 농부가 파괴적 속도에 의존한다고 말하기는 어려울 것이다.

> **끝없는 진보의 관점으로 인간의 이동능력을 이해하는 사람에게 교통의 '적정' 수준이란 있을 수 없다. 있다면 현재까지 도달한 기술 수준 때문에 어쩔 수 없이 받아들인 일시적 타협이 있을 뿐이다.**

라틴아메리카나 동남아시아 시골에서는 주민을 가득 실은 수송수단이 다소나마 교통 편의를 제공하는데, 그래봐야 자전거보다 약간 빠른 속도에 불과하다. 삼등버스가 농부와 그의 돼지를 함께 싣고서 장에까지 실어다주곤 한다. 이런 사람들에게 자전거는 누구나 가질 수 있는 요긴한 교통수단이자 운반수단이다.

속도의 한계치를 정하는 데 있어 그 자릿수는 상습화된 승객이 볼 때는 진담인가 할 정도로 작고, 농부에게는 아무런 관심도 불러일으키지 못할 정도로 클 것이다. 그만큼 분명하기 때문에 오히려 눈에 잘 잡히지 않는다는 얘기다. 속도를 이 자릿수 내로 제한하자는 의견은 완강한 반대를 부르곤 한다. 이것만 봐도 산업화된 인간이 에너지 복용량을 끝없이 늘리는 데 얼마나 중독이 되어 있는지 쉽게 알 수 있다. 아직 중독되지 않은 사람들이나마 그것을 맛보지 말아야 하는 이유이다.

원본 훼손에 대비한 부본(副本) 연구를 제안하는 까닭은 단순히 물의를 일으키기 위해서가 아니라 실질적인 위협을 가하기 위해서다. 단순함은 전문가를 위협하는 무기이다. 아마도 전문가들이 아는 것이라곤 통근열차가 왜 8시 15분, 8시 41분에 출발하는지, 특정 첨가물을 넣은 연료를 사용하는 것이 어째서 더 나은지 하는 것들밖에 없을 것이다. 정치 과정을 통해 속도의 자연스런 수준을 확인하고 누구도 어길 수 없는 한계를 정해야 한다는 생각은, 승객들이 빠져 있는 진리의 세계를 벗어날 때만 가능한 발상이다.

알지도 못하는 전문가들에 대해 승객들이 품고 있는 경외심은 이제 맹목적인 복종으로까지 바뀌고 있다. 그러나 이들 교통 전문가들이 일으킨 문제들을 해결할 정치적 해법을 찾을 수 있다면, 같은 치유법을 교육 문제나 의료 문제나 도시 문제에도 적용할 수 있을 것이다. 또한 현재 진행되고 있는 정치 과정에 비전문가가 적극적으로 참여하여 수송수단의 적정 속도를 정할 수 있다면, 모든 산업화된 사회를 떠받치고 있는 가정 역시 무너뜨릴 수 있을 것이다.

그러므로 지금 제안하는 연구는 정치적 전복성을 띤 것이기도 하다. 이 연구는 더 많은 수송수단이 필요하다는 사회적 통념에 대해 의문을 제기한다. 공적 소유를 지지한다고 해서 스스로를 곧 사기업에 대한 정치적 반대자라도 되는 양 착각하는, 그런 사회적 통념에 대해 의문을 제기하는 것이다.

제8장

자력이동의 효율성

Degrees of Self-Powered Mobility

볼베어링이 발명된 것은 한 세기 전 일이다. 마찰계수가 1천분의 1로 줄어든 것도 볼베어링 덕분이다. 신석기시대에 쓰던 맷돌에 크기를 잘 맞춘 볼베어링을 끼운다면, 조상들이 1주일 걸려 제분하던 것을 지금은 하루 만에 해치울 수 있을 것이다. 볼베어링은 또한 자전거의 출현을 가능케 했다. 신석기시대의 위대한 발명품들 가운데 아마도 마지막 것이 될 바퀴가 드디어 인간의 자력이동을 위해 쓰이게 된 것이다.

인간은 도구의 도움을 전혀 받지 않고도 얼마든지 효율적으로 이동할 수 있다. 인간은 자기 체중의 1그램 분을 10분에 걸쳐 1킬로미터 운반하는 데 0.75칼로리밖에 쓰지 않는다. 두 발로 걷는 인간은 동력장치를 단 어떤 수송수단보다 높은 열역학적 효율성을 갖는다. 다른 대부분의 동물들과 견주어도 그러한데, 체중 비례로 따져서 말이나 상어보다는 못하겠지만 쥐나 소보다는 훨씬 잘 이동할 수 있다. 인간은 이렇게 뛰어난 효율로 이 세계에 정착하고 자신의 역사를 창조해 왔다. 이런 효율로 농부나 유목민이 집과 텐트 바깥에서 각각 쓰는 시간은, 사회적 시간 예산의 5퍼센트와 8퍼센트를 넘지 않는다.

자전거를 탄 사람은 보행자보다 3~4배 더 빨리 갈 수 있는데, 그 과정에서 사용하는 에너지는 5분의 1에 지나지 않는다. 체중 1그램 분을 평탄한 도로 1킬로미터만큼 운반하는 데 불과 0.15 칼로리밖에 쓰지 않는다. 자전거는 인간의 신진대사 에너지를 이동시의 저항에 맞춰 바꿔주는 완벽한 변환장치다. 이 장치만 구비하면 기계 일반은 물론 다른 모든 동물들의 효율까지 앞지를 수 있다.

볼베어링, 거기에 바퀴살을 붙여 고정한 휠, 공기를 채운 타이어, 이 세 가지는 수송의 역사에 있었던 다음 세 가지 사건에 비견할 만하다. 첫째로, 문명의 여명기에 발명된 바퀴 덕분에 인간은 등에 진 짐을 수레 위에 내려놓을 수 있었다. 둘째로, 중세 유럽에서 만들어 쓰기 시작한 등자(鐙子), 마구, 편자는 말의 열역학적 효율을 다섯 배까지 늘렸고 당시의 유럽 경제까지 바꿔 놓았다. 밭갈이가 한결 쉬워져서 윤작을 할 수 있게 되었고, 멀리 있는 경작지까지 농부가 가는 게 가능해져서 6가구 정도를 거느리던 지주가 100가구에 달하는 마을을 만들 수 있게 되었다. 이것은 교회, 광장, 감옥, 그리고 나중에는 학교가 들어선 곳에 사람들이 모여 살게 되었다는 의미이기도 하다. 또한 북방의 땅을 경작하는 것도 가능해져서 권력의 중심이 추운 지방으로 옮겨갈 수 있게 되었다. 세 번째로 일어난 사건은 원양 선박이다. 유럽 자본주의의 발전에 힘입어 15세기 포르투갈인들이 건조한 최초의 원양 항해용 선박은 서구 문화와 시장을 전 세계 범위로 넓히는 바탕이 되었다.

자전거는 인간의 신진대사 에너지를 이동시의 저항력에 정확하게 맞춰 바꿔주는 훌륭한 변환장치이다. 이 장치만 구비하면 기계 일반은 물론 다른 모든 동물들의 효율까지 앞지를 수 있다.

볼베어링의 발명은 네 번째 혁명을 알리는 신호탄이었다. 이로 인해 자유의 공평한 향유와 더 빠른 속도 가운데 하나를 선택해야 하는 문제가 새로 생겨났다. 자전거와 자동차로 대표되는 두 가지 이동방식에서 볼베어링은 똑같이 핵심 부품으로 이용되기 때문이다. 자전거 덕분에 인간 자력에 의한 이동은 이론적으로 더 이상 발전이 불가능한 수준까지 향상될 수 있었다. 그러나 개인용 캡슐들이 지속적으로 속도를 높여감에 따라 인간을 마비시키는 스피드 의식(儀式)에 사회 전체가 참여하는 결과를 낳게 되었다.

두루 유용하게 쓰일 수 있는 장치를 의식에만 독점적으로 이용하는 일은 과거에도 있었다. 수천 년 전에 바퀴는 노예들에게서 짐을 내려놓을 수 있게 했지만, 그런 일은 유라시아 대륙에서만 일어났다. 멕시코에서도 바퀴는 잘 알려져 있었지만 수송에는 전혀 이용되지 않았다. 바퀴는 오로지 모형 신들을 태운 운반 장치에만 사용되었다. 코르테스 이전의 아메리카에서 손수레가 금기였다는 사실은, 현대 교통에서 자전거를 터부시하는 것을 떠올리면 별로 당혹스러운 일도 아니다.

볼베어링의 발명이 에너지 사용의 증대를 촉진하고 그럼으로써 시간 부족, 공간 잠식, 계급 특권을 낳았다고 해서, 이런 결과를 필연적인 것으로 볼 이유는 전혀 없다. 자전거가 제시하는 자력이동의 새 질서를 폄훼의 시선으로부터 지켜내고 자전거 이용자의 신체에 가해질 수 있는 위험을 줄이기만 한다면, 모든 사람에게 최적의 이동능력을 보장하는 것이 가능할 것이고, 극도의 특권 추구와 착취에도 종지부를 찍을 수 있을 것이다. 또한 인간의 힘으로 이동할 수 있는 한계를 넘지 않도록 공간 재편을 제한한다면, 도시화의 갖가지 양태도 통제할 수 있을 것이다.

자전거는 열역학적 효율이 좋을 뿐만 아니라 값도 싸다. 중국인은 미국인보다 훨씬 적은 급여를 받지만, 미국인들이 폐물이 다 된 차를 사는 데 바치는 노동시간의 극히 일부만으로도 튼튼한 자전거를 살 수 있다. 자전거 통행의 편의를 확보하는 데 필요한 공공시설 비용은 고속이동에 맞춰 설계된 기반시설의 비용보다 훨씬 적으며, 이 비용에 자전거 가격을 다 합쳐도 고속 수송수단의 가격보다 싸다. 자전거 통행에서 새 도로가 필요한 경우는 교통이 혼잡한 특정 지점들뿐이며, 포장도로에서 멀리 떨어진 곳에 산다고 해서 자동차나 열차처럼 사람을 자동적으로 고립시키는 일도 없다. 자전거는 인간의 행동반경을 넓히면서도 보행이 어려운 길로 가라고 떠밀지도 않는다. 자전거를 타고 갈 수 없는 곳에서는 그냥 밀고 가면 되니까 말이다.

사람들 4만 명을 1시간 안에 다리를 건너게 하려면, 열차로는 정해진 폭의 선로 2개가 필요하고, 버스로는 4개 차로, 승용차로는 12개 차로가 필요하다. 하지만 페달을 밟아 자전거로 건너게 하면 딱 하나로 충분하다.

자전거는 또 공간도 거의 차지하지 않는다. 차 한 대를 주차하는 공간에 자전거는 18대를 세울 수 있고, 자동차 한 대가 이동하면서 잡아먹는 공간이면 자전거는 30대가 달릴 수 있다. 사람들 4만 명을 1시간 안에 다리를 건너게 하려면, 열차로는 정해진 폭의 선로 2개가 필요하고, 버스로는 4개 차로, 승용차로는 12개 차로가 필요하다. 하지만 페달을 밟아 자전거로 건너게 하면 딱 하나로 충분하다. 이 수송수단들 가운데 출발점에서 종착점까지 전혀 걷지 않고 이동할 수 있는 것은 자전거뿐이다. 자전거를 타는 사람은 자신이 가려는 목적지를 언제라도 바꿀 수 있다. 그가 이용하는 도구 때문에 앞에 나있는 길이 그를 가로막는 일 같은 건 전혀 일어나지 않기 때문이다.

일리치는 에너지 소비가 일정 한계를 넘어서면 산업화된 수송 시스템이 사회적 공간을 지배하게 되고, 인간의 생활시간을 수탈하며, 또 자력이동이라는 풍부한 사용가치를 누리기 위한 여러 조건을 제약하게 된다고 강조한다.

자전거는 인간을 더 빠른 속도로 이동시키면서도 공간이나 에너지나 시간을 특별히 더 많이 빼앗지도 않는다. 자전거 이용자는 거리 당 이동시간을 적게 쓰면서도 연간 이동거리를 늘릴 수 있다. 타인의 일정이나 에너지 또는 공간을 부당하게 침해하지 않으면서도 기술 도약이 주는 혜택을 누릴 수 있다. 동료들의 이동을 방해하지 않으면서도 원하는 대로 자기 이동의 주인이 될 수 있다. 이 도구는 오로지 그 도구로 충족시킬 수 있는 수요만을 만들어낸다. 그와 달리 동력에 의한 속도는, 그 속도를 높일 때마다 더 많은 공간과 시간에 대한 수요를 만들어낸다.

자전거를 이용한다는 것은 스스로를 제한한다는 뜻이다. 자전거를 통해 인간은 자신의 생활공간과 생활시간 사이에 새로운 관계를 정립하고, 자신의 거주지와 자기 존재의 맥박 사이에 긴밀한 관계를 설정한다. 인간 존재가 본래적으로 가지고 있는 균형을 상실하지 않으면서도 말이다. 자력이동이 지닌 이점이 이토록 명백한데도 오늘날 이 사실은 무시되고 있다. "교통은 빠르면 빠를수록 좋다"(better traffic runs faster)는 주장은 결코 입증된 것이 아니다. 속도 증대를 주장하는 사람들은 그것을 위한 비용 지불을 요구하기 전에 먼저 자기들 주장에 대한 증거를 제시해야 할 것이다.

자전거와 자동차 사이의 한 차례 대회전이 막 끝났다. 베트남에서 초거대산업으로 무장한 군대가 자전거 속도에 맞춰 조직

된 인민들을 정복하려고 시도했으나 맥없이 실패하고 말았다. 이 교훈은 분명하다. 고에너지를 가진 군대는 모든 인민을 파멸시킬 수 있다. 그 군대가 지키려는 사람이건 공격하려는 사람이건 말이다. 하지만 스스로의 손으로 자신을 지키려는 인민에게 그 군대의 위력은 극히 제한적일 수밖에 없다.

베트남인들이 이 전쟁에서 배운 것을 평화의 경제에도 적용할지의 여부는 아직 알 수 없다. 즉 그들에게 승리를 가능케 해준 가치들을 기꺼이 지킬 의지가 있는지는 앞으로 두고 봐야 한다. 이 승자들이 산업 성장과 에너지 소비의 증대를 위해 공평성, 합리성, 자율성의 구조를 파괴함으로써 스스로 무너지는 쪽으로 나아가지는 않을까 하는 우울한 개연성도 배제할 수는 없다. 미국 폭격기들이 연료와 모터와 도로를 빼앗으면서 강제로 파괴했던 그 가치들이 다시 파괴될 가능성 말이다.

제9장

주요수단으로서의 동력과 보조수단으로서의 동력

Dominant vs. Subsidiary Motors

인간은 거의 동등한 이동능력을 가지고 태어난다. '타고난 이동능력'이라 함은 곧 누구나 가고 싶은 곳이라면 어디든 갈 수 있는 개인적 권리를 가진다는 뜻이다. 공평성이라는 개념에 기초하여 만들어진 사회의 시민이라면 그것을 축소하려는 어떤 시도에 대해서도 이 권리를 보호할 수 있기를 바랄 것이다. 이들에게 있어 개인의 이동능력을 행사하지 못하게 막는 것이 무엇인가는 중요하지 않다. 투옥 때문이든, 영지에 묶여 있기 때문이든, 통행권을 발부받지 못해서든, 그를 수송산업의 소비자로 만들기 위해 선천적인 이동능력을 침해하는 환경에 가두었기 때문이든, 그 이유는 중요하지 않다. 자유로운 이동이라는 이 빼앗을 수 없는 권리는, 우리 동시대인들 대부분이 특정 이데올로기에 안전벨트처럼 묶여 있다고 해서 당분간 유보할 수 있는 것이 아니기 때문이다.

따라서 인간이 선천적으로 가진 자력이동의 능력은, 수송이 교통에 대해 기여하는 바를 측정하는 유일한 척도 역할을 한다. 수송은 교통이 견뎌낼 수 있는 한도까지만 가능한 것이다. 이제 남는 문제는 수송의 여러 형태들 가운데 인간의 이동능력을 해치는 것과 그 능력을 향상시키는 것을 어떻게 구별할 수 있는가 하는 점이다.

수송은 다음 세 가지 면에서 교통을 위축시킬 수 있다. 첫째는 교통 흐름을 단절시킴으로써, 둘째는 고립된 목적지들을 만들어냄으로써, 셋째는 교통으로 인한 시간 손실을 증가시킴으로써. 나는 앞에서 수송과 교통의 관계를 해명하는 열쇠가 수송수단의 속도라는 점을 논했다. 그리고 속도가 일정 한계를 넘어서면 위에서 지적한 세 가지 측면에서 교통을 방해하게 된다는 점도 설명했다. 수송은 주어진 환경에 수송수단들과 도로들을 잔뜩 늘어놓음으로써 인간의 이동능력을 가로막는다. 또한 수송은 주어진 지리(地理)를 피라미드 구조로, 다시 말해서 속도 수준에 따라 상호 폐쇄된 회로들로 이루어진 피라미드의 형태로 바꿔 놓는다. 마지막으로 수송은 속도의 지령을 받아 생활시간을 징발하기까지 한다.

수송이 일정한 한계를 넘어설 경우 교통을 방해하는 것이 사실이라면, 그 정반대 또한 사실이다. 곧 속도가 어떤 수준 이하일 경우 동력을 갖춘 수송수단은 보행이나 자전거로는 할 수 없는 일들을 가능하게 함으로써 교통을 보완하거나 향상시켜줄 수 있는 것이다. 동력장치는 아픈 사람, 신체장애자, 노인, 그리고 굼뜨기 짝이 없는 사람들을 옮기는 일에 쓰일 수 있다. 케이블카나 리프트를 사용하면 높은 언덕까지 사람들을 끌어올릴 수 있다. 물론 이것이 평화롭게 이용되려면 발로 오르는 사람들을 등산로에서 밀쳐내지 말아야 한다는 단서가 붙는다. 열차 역시 여행의 범위를 넓힐 수 있는데, 다만 서로에게 더 가까이 갈 수 있는 기회를 모든 이에게 동등하게 부여하는 한에서 그러하다. 시속 40킬로미터로 달리는 수송 시스템이 발달해 있기만 했어도 『80일간의 세계일주』에 나오는 픽스 형사는 절반도 되지 않는 기간 안에 세계를 한 바퀴 돌아 주인공 필리어스 포그를 따라잡을 수 있었을 것이다. 하지만 여행에 들이는 시간은 가능한 한 여행자 자신의 시간이어야 한다. 다시 말해서 동력을 갖춘 수송수단에 속도 제한을 가하여 자력이동의 보조수단으로 묶어두는 한에서만 최적의 수송 시스템도 발전할 수 있을 것이다.

동력장치를 갖춘 수송수단에 속도 제한을 가하여 자력이동의 보조수단으로 묶어두는 한에서만 사회적으로 최적화된 수송 시스템을 만들 수 있다.

동력에 제한을 가하고 그럼으로써 속도에 제한을 가한다고 해서 저절로 부자나 권력자의 착취로부터 약자를 보호할 수 있는 것은 아니다. 부자들은 여전히 모든 수단을 궁리해서 더 좋은 위치의 주소지에서 생활하고 일하려 할 것이며, 안락한 객차로 수행원과 함께 여행하거나 의사나 중앙위원회 위원들을 위해 마련한 특별 선로를 이용하려 할 것이다. 그러나 최고속도를 충분히 제한할 수 있다면, 이런 불공정은 세금이나 기술적 장치들을 조합하여 줄이거나 시정할 수 있을 것이다. 이와 달리 최고속도에 제한이 없을 경우, 수송수단의 공유나 통제에 있어 아무리 기술적 개선이 이뤄져도 불평등한 착취를 중단시킬 수는 없을 것이다. 수송산업은 최적의 교통을 실현하는 열쇠가 될 수 있지만, 개인의 생산성에 근본적 독점을 행사하지 않는 한에서만 그러하다.

제10장

저설비, 과잉개발, 그리고 성숙된 기술

Underequipment, Overdevelopment, and Mature Technology

교통의 양대 구성요소인 '수송'과 '자력이동'의 조합은, 사회적으로 최적을 이루는 1인당 에너지 소비량이라는 것이 있으며, 그 한도를 정치적으로 결정할 필요가 있다는 데 대한 좋은 본보기를 제공해준다. 교통은 또한 세계 곳곳에 존재하는 개발의 목표들을 집약해서 보여주는 모델이자, 저설비 상태에 있는 나라들과 파괴적일 정도로 과잉산업화된 나라들을 가르는 기준이기도 하다.

시민들 각자에게 자전거 한 대도 마련해줄 수 없거나 다른 사람을 태우고 페달을 밟으려는 사람에게 5단 기어조차 공급해줄 수 없는 나라라면, 그 나라는 저설비(underequipped) 국가로 분류할 수 있을 것이다. 자전거 타기에 적당한 도로를 제공할 수 없거나 몇 시간 연속해서 먼 거리를 가고자 하는 사람에게 공공이동수단을 값싸게 공급할 수 없는 나라도 저설비 국가라 할 수 있다. 그런 후진성을 참고 견뎌야 할 기술적, 경제적, 생태적 이유는 20세기 말인 지금 지구상 어디에도 존재하지 않는다. 한 국민이 가진 이동능력이 그들의 바람과 달리 자전거 이전 수준에 머물러 있어야 한다면, 그것처럼 부끄러운 일도 없을 것이다.

반면에 사람들의 사회적 삶을 수송산업이 좌우하고 있다면, 그 나라는 과잉산업국으로 분류할 수 있을 것이다. 수송산업이 계급 특권을 결정하고, 시간 부족을 강요하며, 산업 자신을 위해 부설한 궤도에 국민들을 단단히 붙들어 매고 있는 나라들이다.

저설비 상태에 있거나 과잉산업화된 세계와는 별도로 탈산업적 효율성을 갖춘 세계도 있다. 그곳에서는 산업적 생산양식이 다른 자율적 생산양식에 대한 보완재 역할을 한다. 다시 말해서 기술적으로 성숙한 세계가 자리할 수 있는 장소도 있는 것이다. 교통의 측면에서 말하면 그곳은 자전거에 몸을 실음으로써 일상의 활동반경을 세 배로 늘린 사람들의 세상이다. 이 세계의 특징은, 자전거만으로는 충분히 할 수 없는 일들을 위해 다양한 보조적 동력장치를 이용하더라도 공정성이나 자유 어느 것도 제약을 받지 않는다는 데 있다. 그곳은 또한 긴 여행을 떠날 수 있는 세계이기도 하다. 모든 장소가 모두에게 열려 있는 세계, 서두르지도 주춤거리지도 않고 내키는 만큼 자기 속도로 여행할 수 있는 세계, 인간이 수십만 년 동안 두 발로 걸으며 맺어온 대지와의 관계를 끊지 않고도 먼 거리까지 수송수단을 탈 수 있는 그런 세계이다.

저설비 상태에 있거나 과잉산업화된 세계와는 별도로 탈산업적 효율성을 갖춘 세계가 있다. 그런 세계에서는 산업적 생산양식이 다른 자율적 생산양식을 보완하는 역할을 한다.

저설비는 인간을 원시적 자연 상태에 예속시킴으로써 자유를 제한한다. 반면 과잉산업화는 생산이나 정치양식을 선택함에 있어 다른 가능성을 허용하지 않는다. 과잉산업화는 그것이 가진 기술적 특징을 사회적 관계에 강요한다. 이와 달리 기술적 성숙을 이룬 사회는 온갖 정치적 선택들과 문화적 다양성을 허용한다. 하지만 공동체가 인간의 자율적 생산을 희생하여 산업을 성장시키려 한다면 이 다양성은 당연히 감소할 것이다.

이론 그 자체만으로는 탈산업화의 효율성과 기술적 성숙 수준을 잴 수 있는 정확한 척도를 얻을 수 없다. 이론이 할 수 있는 일은 이런 기술적 특징이 나타나는 범위가 존재한다는 것을 대략적인 자릿수로만 보여주는 것이다. 틀에 박힌 일정, 공간 왜곡, 시간 부족, 불평등이 언제 수명을 다할지 결정하는 일은 자기 고유의 정치 과정을 일궈온 역사적 공동체에 맡겨야 한다. 이론이 할 수 있는 일은 속도가 교통의 한계 요소임을 밝히는 것뿐이다. 정치적으로 실현 가능한 한계를 정하는 것은 이론으로 할 수 있는 일이 아니다.

개인 수송수단이 가진 최고속도가 효력을 발휘할 수 있는 경우는 오로지 정치적 공동체가 깨달은 자기 이익을 반영할 때뿐이다. 일부 계급이 교통뿐 아니라 통신, 의료, 교육 및 무기까지 독점한 사회에서는 이러한 공동체적 이익이 표현될 길이 없다. 권력을 쥔 사람들이 산업의 실제 소유주들인지, 아니면 노동자들이 합법적으로 소유한 산업을 배후에서 움직이는 경영자들인지는 중요하지 않다. 이 권력은 재전유(再專有)되어야 하며, 보통사람들의 건전한 판단에 위임되어야 한다. 이러한 권력 환수는, 비밀주의에 물든 관료들이 전문 지식에 눈이 먼 나머지 에너지 위기를 해소하는 뻔한 방법조차 보지 못한다는 것을 밝히는 데서부터 시작된다. 베트남 전쟁을 끝낼 수 있는 뻔한 해법을 이들이 볼 수 없었던 것도 같은 이유 때문이다.

현재 우리들이 있는 지점으로부터 성숙한 기술의 세계로 나아가는 길은 두 가지가 있다. 첫째는 풍요로부터의 해방이라는 길이고, 둘째는 의존으로부터의 해방이라는 길이다. 두 길 모두 같은 목적지를 향한다. **공간의 사회적 재구성**을 통해 우리가 서 있고 걷고 생활하는 곳이야말로 세계의 중심이라는 것을 모든 이가 끊임없이 새롭게 경험하도록 하는 것이 바로 그 목표이다.

풍요로부터의 해방은 부자들이 서로 마주치곤 하는 교차로의 교통섬 같은 곳에서부터 시작된다. 고속 수송수단들은 섬에서 섬으로 사람들을 운반하지만, 여기에 동승한 승객 군단은 도중에 어딘가 다른 곳들로 가려는 사람들이다. 이러한 풍요의 고독은 교통섬들이 차츰 넓어지고, 사람들이 자기 사는 곳 주변을 오가는 타고난 능력을 회복하기 시작하면서 붕괴할 것이다. 따라서 교통섬이라는 불모의 환경은 사회를 재구성하는 일의 출발점이 될 수 있으며, 스스로 부자라 여기는 사람들에게도 과잉 효율화된 수송의 굴레에서 벗어나는 계기를 제공한다. 그날이 되면 이들도 이제 충분히 자라난 교통섬의 지평선을 소중히 여길 것이며, 자신의 집을 나와 자꾸만 쫓겨 다니던 일들을 두려워할 것이다.

개인 수송수단이 가진 최고속도가 효과를 발휘하는 경우는 정치적 공동체의 자기 이익을 반영할 때뿐이다. 일부 계급이 교통뿐 아니라 통신, 의료, 교육까지 독점한 사회에서는 이러한 이익이 분명하게 드러나지 않는다.

이와 달리 **의존으로부터의 해방**은 풍요로부터의 해방과는 정반대 방향에서 시작한다. 이 해방은 시골과 산골의 협착된 지형을 부수고 좁은 시계(視界)의 지루함과 꽉꽉 닫혀 있는 세계가 가하는 숨 막힐 듯한 압박을 버리게 한다. 속도가 일으킨 바람에 전통을 날려버리지 않으면서도 그 반경 너머로 삶을 확장하는 것은 어떤 가난한 나라라도 수년 이내에 달성할 수 있는 목표이다. 그러나 그것은 무제한의 에너지 소비라는 이데올로기에 근거한, 제약 없는 산업 발전이라는 제안을 거부하는 사람들만이 달성할 수 있는 목표이다.

산업이 행사하는 근본적 독점으로부터의 해방은, 사람들이 정치 과정에 적극 참여하여 최적의 교통을 보호하려고 하는 곳에서만 가능하다. 이러한 보호가 가능하려면, 1인당 에너지 소비량에 대한 무관심을 토대로 산업사회가 구축되었음을 다시 인식하는 것이 필요하다. 정해진 1인당 소비량만큼만 사용하고 그 이상의 소비를 삼가는 사람들만이 기술적으로 성숙한 탈산업의 시대로 들어갈 수 있을 것이다.

에너지로부터의 해방은 가난한 이들에게는 돈이 별로 들지 않는 일이지만 부자들에게는 호된 비용을 요구한다. 하지만 수송체계의 속도 증가로 인해 교통이 멈추는 즉시 부자들은 더 높은 대가를 치러야 할 것이다. 교통의 구체적인 분석은 에너지 위기의 밑바닥에 숨어 있는 신실을 밝혀준다. 산업적으로 상품화된 에너지가 사회 환경에 큰 영향을 미친다는 사실이다. 퇴화, 탈진, 예속 등이 그것들이다. 이러한 결과들은 자연 환경의 오염이나 인류라는 종의 절멸에 앞서 나타나는 현상들이다.

그러나 이런 결과들을 역전시킬 수 있는 결정적 전환점은 단지 이론으로 도출할 수 있는 것이 아니다. 그것은 결단의 문제이다.

참고문헌

1974~75년 사이 멕시코 쿠에르나바카의 CIDOC에서는 '교통 개선에 있어서 가속의 대안'(Alternatives to Acceleration in the Improvement of Traffic), '개인 수송수단에 응용된 열역학의 역사'(The History of Thermo- dynamics Applied to Personal Transportation)를 주제로 한 세미나가 열렸다. 아래의 참고문헌 목록은 이 세미나 자료들 중에서 선별한 것이다. 과거에 열린 세미나에서 유용성이 입증된 것 외에도, 이 글을 읽고 후속 연구를 진행하려는 사람이 지나치기 쉬운 문헌들을 가려 뽑았다.

ALBION, R. G., *Naval and Maritime History*, An Annotated Bibliography. Mystic, The Marine Hist. Assn. Conn. 1972.

ANDERSON, Romola and Roger, *The Sailing Ship: Six Thousand Years of History*. London, Harrap, 1926.

BANKS, Arthur S., *Cross-Polity Times Series Data*. Cambridge, Mass., MIT, 1971.

BARK1N, David, 'El consumo y la via chilena al socialismo; reflexiones en torno a la decisi6n automotriz'. Versión Preliminar. *Centro de Estudios Socio-Economicos*, Santiago de Chile, 1972. (Available from CIDOC Library.)

BERNSTEIN, M. T., *Steamboats on the Ganges*. Bombay, Orient Longmans, 1960.

BIVAR, A. D. H., 'The Stirrup and Its Origins'. *Oriental Art*, vol. I, 1955, pp. 61-65.

BLAISDEL, R. et al., *Sources of Information in Transportation*. Evanston, Ill., Northwestern University Press (The Transportation Center), 1964.

BOWDEN, Frank Philip, Art. on 'Friction' in the *Encyclopaedia Britannica*, vol. 9, pp. 840A-841.

BRANCH, Melville C., *Comprehensive Urban Planning: A Selected Annotated Bibliography with Related Materials*. Sage Publications, 1973. For material on transportation, cf. pp. 251-272.

BRAUDEL, Fernand, 'La Lenteur des Transports' in *Civilisation Materielle et Capitalisme, XV-XVIII Siecle*, pp. 314-329. Paris, Armand Colin, 1967.

________. 'Vicissitudes des Routes' in *La Mediteffanie et le Monde Mediterranien*, pp. 242-259. Paris, Armand Colin, 1949.

BRUNOT, Ferdinand, *Histoire de la Langue Française des Origines a nos Jours*. For references to 'transport', cf. esp. tome VI, pp. 357-360 and tome VII, pp. 201-231.

BUCHANAN, C. D., *Mixed Blessing: The Motor Car in Britain*. London, 1958.

BUFFET, B., *L'Eau Potable à trauers les Ages*. Liege, 1950.

CAUNTER, C. F., *The History and Development ef the Cycles, As Illustrated by the Collection of Cycles in the Science Museum*. London, 1955.

CAVAILLES, Henri, *La Route Française, son Histoire*. Paris, 1946.

CHERMAYEFF, Serge, and TZONIS, Alexander, *Shape of Community*. Penguin, 1971.

CLAXTON, E. C., 'The Future of the Bicycle in a Modern Society'. *Journal of the Royal Society of Arts*, January, 1968, pp. 114-135.

COOK, Walter L., *Bike Trails and Facilities: A Guide to Their Design, Construction and Operation*. Wheeling, W.Va., American Institute of Park Executives, 1965.

COPELAND, John, *Roads and Their Traffic, 1750-1858*. Newton Abbot,

1968.

DAVENAS, Paul, *Les Messageries Royales*. Paris, 1937.

DEFFONTAINES, P., 'Sur la Reparticion Géographique des Voitures à Deux Roues et à Quatre Roues'. *Traveaux du Premier Congrès Internacional de Folklore*, Paris 1937, p. 117 ff. Arbault, Tours, 1938.

DEISCHEL, Erwin, *Umweltbeanspruchung und Umweltschaeden durch den Verkehr in der BDR*, Munich, 1971.

DOLLFUS, C., *Historie de la Locomotion Terrestre*. Paris, 1935-36.

EKHOLM, Gordon F., 'Wheeled Toys in Mexico'. *American Antiquity*, vol. 2, 1946, pp. 222-228.

FARVAR, M. Taghi and MILTON, John, *The Careless Technology: Ecology and International Development*. Garden City, N.Y., The Natural History Press, 1972.

FORBES, R. J., 'Land Transport and Road Building, 1000-1900'. *Janus*, vol. 46, 1957, p. 100.

________. *Notes on the History ef Ancient Roads and Their Construction*, Second Edition. Amsterdam, 1964.

FOSTER, George M., *Culture and Conquest: America's Spanish Heritage*. Chicago, Quadrangle Books, 1960.

FROMM, Gary, ed., *Transport Investment and Economic Development*. Washington, D.C., The Brookings Institution Transport Research Program, 1969.

FULLER, R. Buckminster, *World Resource Inventory*. Carbondale, Southern Illinois University Press, 1965. Cf. esp. vol. 4, part 4.

FULLER, Dudley D., *Theory and Practice of Lubrication for Engineers,* N.Y., Wiley, 1956.

GIEDION, Siegfried, *Mechanization Takes Command*. N.Y., Norton, 1969.

GINSBURG, Norton, *Atlas of Economic Development*. University of Chicago Press, 1961. Cf. esp. pp. 100-101 and pp. 60-77.

GOETZ, Wilhelm, *Verkehrswege im Dienste des Welthandels: Eine Historisch-Geographische Untersuchung*. Stuttgart, 1888.

HALDANE, J. B. S., 'On Being the Right Size' in James R. Newman, ed., *The World of Mathematics*, vol. II. New York, Simon and Schuster, 1956.

HALL, Edward T., *Hidden Dimension*. New York, Doubleday, 1969.

HANNEN, Bruce, 'Options for Energy Conservation'. Unpublished manuscript, Feb., 1973. CIDOC Library.

HASEBRÖK, Johannes, *Griechische Wirtschaftgeschichte und Gesellschaftgeschichte bis zur Perserzeit*. Tübingen, 1931.

HAUDRICOURT, André G., 'Contribution a la Géographie et a l'Ethnologie de la Voiture'. *Revue de Géographie Humaine et Ethnologie*, 1948. pp. 54-64.

HEICHELHEIM, Fritz M., *An Ancient Economic History, From the Paleolithic Age to the Migrations of the Germanic, Slavic and Arabic Nations*. 3 Volumes, Leiden, 1938.

HERENDEEN, R., Use of Input/Output Analysis to Determine the Energy Cost of Goods and Services. Mimeograph, 22 pp. Urbana, University of Illinois (Center for Advanced Computer Studies), Feb. 20, 1973.

HIRST, E., *Energy Efficiency for Passenger Transportation and for Freight Transportation*. Oak Ridge National Laboratories, 1971.

HORNELL, J., *Water Transport: Origins and Early Evolution*. Cambridge University Press, 1946.

HOSKINs, Halford, *British Routes to India*. New York, 1928.

HUNTER, Holland, *Soviet Transport Experience, Its Lessons for Other Countries*. Washington, D.C., The Brookings Institution Transport Research Program, 1968.

JOPE, E. M., 'Vehicles and Harness' in Singer, *A History of Technology*, vol. 2, p. 537. Oxford University Press, 1956.

KALMUS, Ludwig, *Weltgeschichte der Post mit besonderer Berücksichtigung des deutschen Sprachgebietes*. Vienna, 1937.

KIRKLAND, Edward, *Men, Cities and Transportation: A Study of New England History, 1820-1900*. Two volumes. Cambridge, Mass., 1948.

KOHL, Johann Georg, *Der Verkehr und die Ansiedlungen der Menschen in ihrer*

Abhängigkeit von der Gestaltung der Erdoberfläche. Leipzig, 1841.

LANSING, John B. ; MARANS, Robert W., et. al., *Car Ownership, Annual Mileage, and the Journey to Work*. Ann Arbor, Institute for Social Research, The University of Michigan, 1970. Cf. esp. pp. 137-151.

LAPIN, Howard, *Structuring the Journey to Work*. Philadelphia University Press, 1964.

LARTILLEUX, H., *Geografía de los Ferrocarriles Españoles*. M. Rivadaneyra, 1954.

LEFEBVRE des NOETTEs, R., *L'Attelage et le Cheval de Selle à travers les Ages; Contribution à l'Histoire de l'Esclavage*. Paris, Picard, 1931.

________. *De la Marine Antique à la Marine Moderne: La Revolution du Gouvernail*. Paris, 1935.

LEWIS, Richard S. and SPINRAD, Bernard I., *The Energy Crisis*. Chicago, Educational Foundation for Nuclear Science, 1972.

LIEPMANN, Kate K., *The Journey to Work, Its Significance for Industrial and Community Life*. London, 1944.

LINDER, Staffan Burestam, *The Harried Leisure Class*. New York, Columbia University Press, 1971.

LISCO, Thomas E., 'The Future of Urban Transportation; Mass Transportation: Cinderella in Our Cities'. *The Public Interest*. 1970.

LOPEZ, R. S. and RAYMOND, J. W., eds., *Medieval Trade in the Mediterranean World: Illustrative Documents*. New York, Columbia University Press, 1955.

MANHEIM, Marvin L., 'Principles of Transport Systems Analysis'. *Proceedings of the Seventh Annual Meeting of the Transportation Research Forum*, 1966, pp. 9-21.

MARSH, George Perkins, *The Earth As Modified by Human Action*. Third Edition. New York, 1888.

MEYER, Balthasar H., ed., *History of Transportation in the United States before 1860*. Washington, D.C., 1917.

MEYER, John R., Art. on 'Transportation: Economic Aspects' in the

Encyclopedia of Social Sciences, vol. 16, pp. 134-140.

MOTT, George Fox, 'Transportation in Contemporary Civilization' in *Transportation Renaissance*, vol. 345 of The Annals of the American Academy of Political and Social Science, pp. 1-5, Philadelphia, 1963.

MacKAYE, Benton, 'Townless Highways for the Motorist'. *Harper's Magazine*, Aug., 1931.

McMURRAY, David F. E., *Aspects of Time and the Study of Activity Routines*. Thesis for the M.S. in city planning. Cambridge, Mass., MIT, 1968.

NEEDHAM, Joseph, 'Vehicles for Land Transport' in *Science and Civilization in China*, vol. 4 (Physics and Physical Technology), part II (Mechanical Engineering), pp. 243-281. Cambridge University Press, 1965.

________. 'Power Sources and Their Employment, (1) Animal Traction' in *ibid.*, pp. 303-328.

OLSSON, Gunnar, *Distance and Human Interaction: A Review Bibliography*. Philadelphia (Regional Science Research Institute, bibl. sec. 2), 1965.

OSTWALD, W., *Energetische Grundlagen der Kulturwissenschaft*. (Philosophisch-Soziologische Bücherei Bd. 16) Leipzig, 1909.

OTTLEY, George, *A Bibliography of British Railway History*. London, Allen and Unwin, 1965.

OWEN, Wolford, *Strategy for Mobility*. Washington, D.C., Brookings Institution, 1964.

PERRATON, Jean K., 'Planning for the Cyclist in Urban Areas'. *The Town Planning Review*, vol. 39, no. 2, July, 1968, pp. 149-162.

PLATT, John, 'Hierarchical Restructuring'. *Bulletin of Atomic Scientists*, Nov., 1970.

POLANYI, Karl. ed., *Trade and Market in Early Empires*. Glencoe, Ill., The Free Press, 1957.

ROBBINS, Michael, *The Railway Age*. London, Routledge and Kegan Paul. Penguin, 1964.

RUSSEAU, Pierre, *Histoire des Transports*. Paris, Artheme Fayard, 1961.

SAUER, Carl O., *Agricultural Origins and Dispersal*. Bowman Memorial

Lectures, Series Two. New York, 1952.

SAUVY, Alfred, *Les Quatre Roues de la Fortune: Essai sur l'Automobile*. Paris, 1968.

SCHNORE, Leo F., Art. on 'Transportation, Commutation' in the *Encyclopedia of Social Sciences*, vol. 16, pp. 140-144.

SHERRINGTON, Charles E. R., *A Hundred Years of Inland Transportation, 1830-1933*. London, 1934. Kelly reprint, 1969.

SMERK, George M., *Readings in Urban Transportation*. Bloomington, Indiana University Press, 1968.

SMITH, Joel. Art. on 'Transportation: Social Aspects' in the *Encyclopedia of Social Sciences*, vol. 16, pp. 129-134.

SMITH, William, *The History of the Post Office in British North America, 1639-1870*. Cambridge University Press, 1920.

SPENGLER, Joseph, 'On the Progress of Quantification in Economics' in Harry Woolf, ed., *A History of the Meaning of Measurement in the Natural and Social Sciences*, pp. 128-146. New York, Bobbs Merrill, 1961.

STONE, Tabor R., *Beyond the Automobile: Reshaping the Transportation Environment*. Englewood Cliffs, N.J., Prentice Hall, 1971.

STRUBE ERDMANN, Leon, *Vialidad Imperial de los Incas*. Universidad de Córdoba, Argentina, 1963.

SUNDQUIST, James L., 'A Policy for Urban Growth: Where Shall They Live?' *The Public Interest*. No. 18, Winter 1970.

STUTZ, Frederick P., *Research on Intra-Urban Social Trauel: Introduction and Bibliography; Exchange Bibliography No. 173*. Monticello, Mich., Council of Planning Librarians, Feb., 1971.

TAYLOR, George, *The Transportation Revolution*. New York, Harper & Row, 1951.

TERRAZAS DE LA PEÑA, Eduardo, 'Necesidad de un Incremento en la Intensidad del Uso del Espacio'. Paper presented at a regional meeting on urban development policies, Mexico City, July, 1972.

CIDOC Library.

Transportation Renaissance, Vol. 345 of The Annals of the American Academy of Political and Social Science. Philadelphia, 1963.

TURNER, John F. C., 'Housing for People or Housing by People'? Mimeograph, 10 pp. Cambridge, Mass., MIT, 1970.

WESTERGAARD, John, 'Journey to Work in London Region'. *TPR*, April, 1957.

WHEELER, James O., *Research on the Journey to Work: Introduction and Bibliography; Exchange Bibliography No. 65*. Monticello, Mich., Council of Planning Librarians, January, 1969.

WHITE, Lynn, 'Tibet, India and Malaya as Sources of Western Medieval Technology'. *American Historical Review*, vol. 65, 1960, pp. 515-526.

________. 'The Agricultural Revolution of the Early Middle Ages' in *Medieval Technology and Social Change*. Oxford University Press, 1969, pp. 39-78.

WHITE, Leslie, *The Science of Culture: Energy and the Evolution of Culture*. New York, Grove Press, 1949. cf. esp. pp. 363-393.

WILSON, S. S., 'Bicycle Technology'. *Scientific American*, March, 1973, pp. 81-91.

WILSON, George W., et. al., *The Impact of Highway Investment on Development*. Washington, D.C., The Brookings Institution Transport Research Program, 1966.

YURICK, Sol, 'The Political Economy of Junk'. Monthly Review, vol. 22, no. 7, Dec., 1970, pp. 22-37.

에너지, 자동차, 그리고 사회적 비용

박홍규 | 영남대 명예교수

이 책은 이반 일리치의 저작 *Energy and Equity*(Marion Boyars, 2009)를 우리말로 옮긴 것이다. 이 책이 우리말로 소개되는 것은 처음이 아니다. 2004년 무렵 나는 미국 하퍼앤로우(Harper & Row)가 펴낸 1974년 판본으로 이 책을 옮긴 적이 있는데, 이번에 책을 새로 펴내는 사월의책 설명으로는 1974년 판본 이후 개정된 내용이 상당 부분 있어서 다시 번역할 필요가 있었다고 한다. 어쨌든 이 책을 다시 해설할 수 있는 기회를 가지게 되어 기쁜 마음이다.

이반 일리치에 대한 소개를 여기서 반복할 필요는 없을 것 같다. 무정부주의자, 급진주의자, 반제도론자, 영성가 등 일리치의 수많은 면모 가운데 이 책은 특히 '산업사회 비판'이라는 그의 핵심 주제를 여실히 보여주는 책이다. 일리치는 산업주의의 주요 토대인 자본주의는 물론 사회주의까지도 산업주의의 한 변형이라는 점에서 극렬하게 비판한다. 그를 단순한 사회주의자로 볼 수 없는 까닭이다. 하지만 많은 사람들이 오해하고 있듯이, 그가 산업주의를 비판한다고 해서 현대 문명 자체를 거부하고 있는 것은 아니라는 데 주의할 필요가 있다. 한 마디로 현대 문명의 성장에는 일정한 한계가 있을 수밖에 없으며, 그 한계를 넘어서는 순간 사회는 물론 인간성마저 파괴할 위험이 있으므로, 인간이 함께 살아가는 데 필요한 최소한의 가치를 지키기 위하여 '절제'를 하자는 것이다. 이 책은 이런 일리치의 생각을 현대 기술문명의 바탕인 '에너지'와 '교통'에 집중하여 풀어낸 것이다.

일리치의 사상이 루이스 멈퍼드(Lewis Mumford)나 칼 폴라니(Karl Polanyi)와 깊은 연관이 있다는 건 잘 알려진 부분이다. 멈퍼드는 근대 산업사회와 기술 문명의 문제를 근원에까지 거슬러 올라가 밝혀낸 인물이고, 폴라니는 인간의 공동체적 삶에 단단하게 뿌리박혀 있던 경제가 이후의 제도화 과정에서 어떻게 타락했는지를 밝혀냄으로써 제도주의 경제학의 새 지평을 연 인물이다. 『자동차의 사회적 비용』(1974)을 쓴 일본 경제학계의 거장 우자와 히로후미(宇澤弘文) 역시 많은 부분에서 일리치와 생각이 일치하는 학자인데, 이 글에서는 그의 '사회적 비용'이라는 개념을 빌려 일리치의 논지를 좀 더 명확히 밝혀보고자 한다.

1. 일리치를 읽어야 할 이유

이 책에서 일리치는 이른바 '근대화'라는 병의 가장 심각한 증세가 바로 에너지중독 내지 속도중독이라고 말하고 있다. 그것이 인간의 정신적 · 신체적 잠재력을 마비시키고 혼수상태에 빠뜨리고 있다는 것이다. 고도기술 산업화를 향한 발전 또는 개발이 불러일으킨 에너지 찬미와 과잉소비는 자연 파괴를 가속화시켰고 인간에게서 자유와 자율적 능력을 빼앗아 사회적 불공정을 확대시켜 왔다.

이 책은 인간을 편리하게 이동시키기 위하여 생겨난 에너지가 어떻게 인간을 파괴하고 있으며 그 극복의 방법은 무엇인지를 극명하게 분석한다. 특히 자전거의 효율성을 인정하고 자동차가 만들어낸 속도의 신화를 전복하는 획기적인 '교통의 정치학'이라고 할 만한 책이다.

우리는 문명의 이기를 운운하며 오염과 무관한 에너지를 개발하면 충분하다고 얘기한다. 그러나 그것이 가능하고 또 실제로 풍부하게 에너지가 존재한다고 하여도 에너지의 대량 소비는 인간을 정신적으로 노예화시키는 마약과 같은 작용을 한다고 일리치는 주장한다. 그리고 그는 사회에 가장 적합한 에너지 사용량을 정하여 정치적으로 제한할 필요성이 있음을 지적한다.

일리치는 에너지 소비가 일정 한계를 넘게 되면 산업화된 타율적인 운송 체계가 사회적 공간을 지배하게 되고 인간의 생활 시간을 수탈하게 되며, 또 인간으로 하여금 풍부한 사용가치(자율적으로 이동하는 힘)를 누릴 수 있게 하는 여러 조건을 제약하게 됨을 지적한다. 그리고 자동화와 운송체계의 속도를, 신진대사 에너지에 근거한 자율적인 이동의 보조에 그치게 하는 정도로 제한해야만 최적의 운송수단이 형성되며, 그 최적 교통의 옹호를 기반으로 한 정치적 과정에 민중이 참여하여야만 비로소 산업의 근본적 독점으로부터 해방될 수 있다고 주장한다.

이러한 일리치의 주장은 교통만이 아니라 '문명의 이기'로 찬양받는 컴퓨터 등 거의 모든 고도 기술체계에 해당되는 것이리라. 자전거나 전화 등과 같은 적정한 기술 수단을 제외한 대부분의 '과도한' 기계는 물론이요, 그로 인한 고속도로, 괴물처럼 선 전광판, 인공위성 등도 모두 사회적 공정성을 잃은 것으로 비판받을 만하다.

이미 우리 시대의 신화가 되어 버린 자가용차 소유의 꿈에서부터 1960년대 이후의 '조국근대화'니 '경제개발'이니 '공업입국'이니 하는 따위의 샤머니즘적 터부를 근본적으로 재검토하기 위해서라도, 일리치의 책은 그의 학교와 병원, 노동과 성(性)에 대한 글과 함께 읽을 가치가 충분히 있다고 생각한다.

2. 자동차 산업의 역사

자동차는 미국 문명의 상징이다. 그러나 자동차는 미국에서 발명된 것이 아니다. 가솔린을 연료로 하는 자동차를 개발한 사람은 1885년 독일의 칼 벤츠와 고트리프 다이믈러이다. 자동차는 20세기를 전후하여 유럽 각국에 보급되기 시작하였으나, 본격적으로 보급된 것은 1908년 미국 포드사가 대중적인 T모델을 개발한 다음부터이다.

T모델이 어셈블리 라인의 도입으로 1914년부터 대량 생산되기 시작하면서 미국의 자동차 생산대수는 비약적으로 증가했다. 1900년까지만 해도 4천 대에 불과했던 생산량이 1908년에는 6만 5천 대, 1910년에는 20만 대, 1920년에는 200만 대로 급증하였다. 자동차 산업은 그 기반을 이루는 철강 산업이나 정유 산업은 물론이요, 자동차 판매, 도로 건설, 고속도로 관련 산업까지 가세하여 곧 미국경제를 좌우하는 기간산업의 위치에 올랐다.

미국의 자동차 보급에 결정적인 역할을 한 것은 1921년에 제정된 연방도로법이다. 이에 따라 각 주(州)는 그 관할도로 가운데 7퍼센트까지 '일급도로'로 지정하고 건설비의 2분의 1을 연방정부로부터 보조받을 수 있었다. 이 일급도로가 주의 경계를 넘어 연방도로를 구성하게 되었다. 그리고 가솔린에 과세하여

걷은 세금을 도로 건설에 충당하는 조세정책이 1920년대까지 모든 주에서 채택되어 연간 20억 달러의 거금이 도로 개선과 건설에 투입되었다.

1930년대의 불황기에 공공사업에 중점을 둔 뉴딜정책이 시행되자 도로 건설은 실업 극복을 위한 대책으로 더욱 큰 추진력을 얻게 되었다. 당시의 500만 킬로미터에 가까운 도로 가운데 반 이상이 자동차 통행용으로 개수되었는데, 연방정부는 공공투자의 반 이상을 도로관련 분야에 투자했다. 그리고 1930년대에는 최초의 유료 고속도로도 건설되었다. 이와 같은 연방정부의 도로 건설비 부담, 가솔린세의 목적세화, 유료 고속도로망의 건설 등은 자동차용 도로의 건설과 정비를 한결 손쉽게 만들었고, 자동차를 보급하는 데도 커다란 역할을 했다.

2차 대전 중에는 도로 건설이 완전히 중단되었고, 민간 수요를 위한 자동차 생산도 거의 중단되었다. 그러나 1945년 전쟁이 끝나자마자 자동차 생산과 도로 건설은 역사상 유례없는 규모로 확대되었다. 1960년대 말까지 고속도로의 건설과 정비에 투하된 자원은 당시까지의 통계를 훨씬 넘는 것이었다. 특히 자동차용 도로 건설에 결정적인 영향을 미친 것은 1956년에 도입된 연방정부의 고속도로 신용자금(Highway Trust Fund) 제도였다. 이에 따라 자동차용 가솔린에 과세된 세금은 전액을 새로운 자동차도로의 건설에만 사용할 수 있었고 다른 용도로는 전용할 수 없었다. 이러한 비논리적이고 반사회적인 악법이 제정될 수 있었던 배경에는 자동차 산업과 도로건설 산업의 압력이 있었지만, 더 근본에는 공공투자를 통해 고용과 국민소득을 증가시킬 수 있다는 케인스 경제정책 논리가 있었다.

이러한 자동차 보급과 도로망 정비는 미국을 상상할 수 없을 정도로 급변시켰다. 1970년대에 이미 1억 대가 넘는 자동차가 미국을 달리고 있었고, 노동자의 30퍼센트가 자동차와 관련된 산업에 고용되어 있었으며, 도시 면적의 20퍼센트가 도로와 주차장으로 사용되고 있었다. 사람의 이동 횟수 가운데 85퍼센트가 자동차에 의한 것이어서 자동차 소유를 전제로 하지 않는 미국 생활이란 거의 불가능한 것이 되었다.

한편 대량 운송용 교통수단에 대한 공공투자와 민간투자는 거의 찾아볼 수 없게 되었다. 그 결과 도시는 물론 시골의 공공교통수단 서비스까지 현저히 저하되었다. 20세기 초 미국 대도시에서는 전차 중심의 공공교통이 저렴한 가격으로 제공되어 안정적인 도시생활을 지탱하고 있었으나, 자동차의 보급에 따라 그런 공공 교통체계는 곧 쇠퇴했고 특히 2차 대전 이후 거의 자취를 감추게 되었다. 그 결과 현재 대부분의 도시에서는 전차는 물론 버스조차 보기 어려운 형편이 되었고, 전체적으로는 도시 교통의 5퍼센트 이하만을 공공교통이 분담하게 되었다. 이로 인해 도시생활이 지극히 불안정해진 것은 물론이요, 범죄와 빈

곤의 일정 원인을 제공하는 결과가 되었다.

미국의 교통사고 발생률은 우리와 비교할 수 없을 정도로 낮지만, 전체 규모로 보면 1960년대 동안 사망자가 연간 5만 명, 부상자가 200만 명에 이를 정도다. 그러나 일반적으로는 차도와 인도의 분리가 뚜렷하고, 시가지에 아이들을 위한 놀이터가 곳곳에 설치되어 있어서 우리보다는 사고발생 가능성이 매우 낮은 게 사실이다.

공해 발생을 따져보면, 미국 전체 일산화탄소의 75퍼센트, 탄화수소의 56퍼센트, 질소산화물의 52퍼센트가 자동차 배기가스에 의한 것이다. 로스앤젤레스의 경우 각각 98퍼센트, 66퍼센트, 72퍼센트이다. 대기오염으로 인한 손해액은 1963년에 약 55억 달러로 추산되었으나, 그것은 의료비, 장례비 및 사고로 상실한 소득만을 집계한 것이어서 대기오염에 의한 실질적인 손해는 2배가 넘을 것으로 추산되었다. 어쨌든 그 중 60퍼센트 이상이 자동차 배기가스에 의한 것으로, 그로 인해 각각의 오염물질을 10퍼센트 이하로 제한할 것을 강제하는 대기청정법이 1970년대에 제정되는 계기가 되었다.

그러나 이런 통계에도 불구하고 미국에는 여전히 공공 교통수단이 거의 없는 탓에 자동차 소유가 계속 급증할 수밖에 없었다. 배기가스 규제가 오히려 자동차와 가솔린 가격을 상승하는 효과를 일으켰고, 그것들을 이용하지 못한 채 피해만을 떠안을 수밖에 없는 저소득층의 실질 생활수준은 더욱 저하되어 소득 격차만 커지는 결과를 초래하였다. 이런 상황에서 1973년의 새 교통법은 공공 교통수단의 자금 조달을 도모한 점에서 미국 역사상 최초라고 할 정도로 획기적인 것이었다. 즉 가솔린 세수의 일부를 공공 교통수단 확충에 할당하자는 법안이었다. 그러나 그것만으로 미국식 자동차 소유 문화의 구조를 변경시키기는 역부족이었다.

같은 시기에 유럽에서는 더욱 혁신적인 조치가 취해졌다. 예컨대 1973년 런던에서는 도로 연변의 공지에 건설된 임시주차장 8,800개소를 폐쇄하고, 그 결과 생긴 50에이커를 전부 녹지로 만들었으며, 주차장의 신규 건설은 일체 인정하지 않는다는 조치를 취했다. 나아가 특정 지역의 주차에는 특별허가제를 도입하였고 운전자에게는 고액의 이용료가 부과되었다.

3. 자동차가 유발하는 사회적 비용

이처럼 자동차에 엄청난 문제가 도사리고 있음에도 불구하고, 도로가 여전히 증설되고 있고 자동차 특히 개인 승용차가 늘어나는 까닭은 무엇인가? 이러한 행동들에 대해 아무런 대가도 요구하지 않고, 아무런 책임도 묻고 있지 않기 때문이다. 자동차 소유주나 운전자가 원래 부담해야 할 '사회적 비용'을 보행자와 주민에게 전가하고, 스스로는 아무런 대가를 지불하지 않고 자동차를 이용할 수 있는 환경이 조성되어 있기 때문이다. 오히려 자동차를 이용하면 이용할수록 이익을 볼 수 있는 구조이기 때문에 자동차에 대한 수요가 증대되지 않는 것이 이상할 지경이다.

이렇게 자동차 보유대수가 증가하고 도로가 혼잡해지면 국가와 지방자치단체 등은 도로를 확대 건설하여 그 문제를 해결하고자 한다. 그 결과 자동차 통행은 더욱 편리해지고 그에 따라 자동차 보유대수도 더욱 늘어나서 기껏 증설한 도로들을 다시 혼잡하게 만드는 악순환을 초래하고 있다. 이러한 악순환이 거듭되는 동안 교통사고는 더욱 늘어나고 공해 또한 악화되었으며, 보행자와 주민이 입는 피해도 가속화되었다.

이러한 악순환을 단절하기 위해서는 자동차 통행으로 인해 발생하는 사회적 비용을 자동차를 이용하는 사람들이 부담하도록 해야 한다. 여기서 그 비용을 어떻게 계산할 수 있는가 하는 문제가 대두된다. 먼저 '사회적 비용'이라는 개념에 대해서 좀 더 살펴보자.

어떤 경제활동이 제3자나 사회 전체에 대하여 직접적 또는 간접적으로 영향을 미치고 다양한 피해를 낳는 것을 두고 '외부불경제'(external diseconomy)라고 한다. 자동차만이 아니라 공해나 환경파괴 모두를 외부불경제라고 할 수 있다. 또 이러한 외부불경제를 수반하는 현상이 일어났을 때, 제3자나 사회 전체에 미치는 악영향이 발생했음에도 그것의 유발자가 부담하지 않는 피해액을 계산하여 '사회적 비용'이라고 한다.(이에 대해서는 K. W. Kapp, *The Social Coast of Private Enterprise*, 1948에 상세히 설명되어 있다.)

자동차의 사회적 비용을 예로 들어보면, 먼저 자동차 통행이 가능하도록 도로를 건설, 정비하고 교통안전을 위한 시설물을 설치하거나 통행 서비스를 제공하는 데 필요한 비용을 전부 넣을 수 있을 것이다. 나아가 흙길을 포장하는 경우 포장비용만을 계산하는 것으로 충분한가, 아니면 자동차 통행으로 인해 보행자들이 입게 되는 피해까지 계산해야 하는가의 문제도 따져볼 수 있다. 또한 교통사고에 의한 생명과 건강상의 손해는 어떻게 평가해야 할까? 이 경우 보통 적용하는 것이 '호프만 방식'이라고 하는 계산법이다. 지금 어떤 사람이 교통사고로 사망했다고 하자. 이때 호프만 방식에 의하면 그 피해액은 다음과 같이 계산된다.

먼저 그가 살아 있었다면 평생 얼마를 벌 수 있는지를 계산한다. 그리고 이 미래소득을 적당한 이자율로 할인하여 현재 가치로 계산한다. 이렇게 계산한 액수가 피해액이다. 부상의 경우도 마찬가지다. 부상으로 인해 일생 동안 얼마의 소득이 줄어들 것인가, 그리고 의료비 등은 얼마나 필요한가를 고려하여 부상의 경제적 손실액을 평가한다. 요컨대 호프만 방식이란 노동을 제공하여 보수를 얻는 생산요소로서 인간을 파악하고, 교통사고에 의해 자본으로서의 그 가치가 얼마나 감소했는가를 평가하는 것이다.

따라서 현 시점에서 소득을 얻을 능력이 없고 장래에도 없다고 추정되는 사람이 교통사고로 사망하면 그 피해액은 영(零)으로 평가되며, 고소득자일수록 평가액이 높고 저소득자일수록 평가액이 낮아진다. 호프만 방식은 인간이 갖는 사회적, 문화적 측면을 완전히 제외하며 순수하게 경제적인 측면만을 고려한다.

다음으로, 공해에 의한 환경파괴 금액은 어떻게 계산해야 하는가? 지금까지 계산하던 방식은 호프만 방식과 같은 것이었다. 곧 공해에 의한 건강 손실에 따라 어느 정도 소득이 감소했으며 얼마만큼의 의료비 등이 필요한가로 손해액을 평가한다. 그밖에 주택, 나무 등이 입은 손해도 계산에 넣을 수 있다. 또 관광도로의 경우라면 자연환경의 오염 및 파괴에 따라 피해가 얼마만큼 발생했고 주민이 어느 정도로 손해를 입었는가, 자동차 통행의 경우 도로의 혼잡에 따른 손해가 어느 정도인가 등을 계산할 수 있다. 그러나 우리는 여기서 구체적인 비용을 모두 계산할 수는 없다. 적어도 위와 같은 경제적 계산 방법은 문자 그대로 경제적인 것에 불과하고, 생길 수 있는 비경제적 손실은 전혀 감안한 것이 아님을 주의하여야 한다. 여하튼 그러한 경제적 계산도 계산 주체에 따라 얼마든지 다를 수 있다.

4. 신고전파 경제학의 허구

미국의 경제학, 그리고 그것을 직수입한 한국의 경제학인 이른바 근대경제학의 이론적 배경은 신고전파 이론이다. 그것은 사회적 비용을 발생시키는 경제활동을 예외적인 것으로 취급하고, 그때마다 따로 고려해야 할 문제라고 본다. 또한 개별 경제 주체들의 인간적 측면을 고려하지 않고 노동이라는 생산요소 일반으로 다루거나, 소비재 및 서비스의 구매자라는 측면에서만 고려한다. 그리고 모든 경제활동은 가역적(可逆的)이며 모든 희소자원은 자유롭게 그 용도를 전용할 수 있다고 하는 가변성(malleability)을 가설적 전제로 삼아 이론을 구축한다. 이것이 앞에서 본 사회적 비용 계산의 근거이다. 그러나 이러한 경제학은 현실과 너무 동떨어진 것 아닌가?

현실은 어떤가? 자본주의적 경제의 역사적 발전에 있어서 산업공해를 비롯한 여러 가지 사회적 비용이 발생한 것은 불가피했을 뿐만 아니라, 그러한 사회적 비용을 제3자, 특히 노동자나 저소득층에 전가함으로써 비로소 자본주의적 경제 발전도 가능했다. 이는 서구나 한국이나 제3세계에서나 기본적으로 마찬가지다. 그럼에도 불구하고 근대경제학이 사회적 비용을 예외적인 것으로 취급해온 것은 근대경제학 자체가 안고 있는 기본적 모순이라 할 수 있다.

근대경제학의 핵심인 신고전파 이론은, 순수한 분권적 시장제도를 통해 자원 배분이 이뤄지고 있는 국민경제를 분석 대상으로 삼는다. 이러한 시장제도의 일차적 특징은 생산수단의 사유에 있다. 즉 생산과 소비라고 하는 경제활동에 필요한 희소자원은 모두 개별 경제주체들에게 나뉘어 있고, 이 경제주체들은 각자 소유하는 희소자원을 자유롭게 사용할 수 있다고 하는 전제이다. 따라서 사유되지 않은 자원이 존재한다면 그것은 희소성이 없는 것이고, 각 경제주체가 재량껏 소유할 수 있다는 것이 된다. 또한 각 경제주체가 이렇게 소유한 자원을 어떻게 사용할지는 당연히 그의 재량에 맡겨진다.

그러나 그런 국민경제는 현실에 존재하지 않는다. 특히 한국과 같이 국토 면적에 비해 경제활동 수준이 높은 나라에서 자연환경과 도시환경에서 생기는 서비스는 지극히 높은 희소성을 갖는다. 따라서 생산수단의 사유제를 전제로 하는 신고전파 이론은 그 점에서 현실과 모순된다. 나아가 자기 소유 자원의 자기 사용이라는 점도 문제이다. 왜냐하면 현실에는 경제주체의 행동이 제3자나 사회 전체에 심각한 영향을 끼치며, 그것도 예외적이 아니라 도리어 일반적인 현실이기 때문이다. 이와 같은 사회적 비용을 발생시키는 경제활동이 자유롭게 허용될 수 있는 한계도 사회적으로 결정되는 것으로서 경제적 조건은 독립적인 것일 수가 없다. 그리고 사적인 경제활동의 자유에 관한 제도적인 요인에 의해 경제 순환의 메커니즘, 경제성장의 패턴도 영향을 입지 않을 수 없다. 생산활동에 수반되는 공해 현상, 자동차 운행에 따른 사회적 비용은 모두 이러한 외부성의 관점에서 고찰되나 이러한 현상에 관한 신고전파 이론의 해명은 지극히 불충분하다.

신고전파 이론의 제2의 전제는 보수에 관한 것으로서, 각 경제주체는 각자 소유하는 생산요소를 시장에 공급하고, 시장가격에 의해 평가된금액을 소득으로 확보할 수 있다는 것이다. 그러나 이것은 지극히 비인간적인 논리이다. 만일 어떤 사람의 노동에 대한 시장의 평가가 낮아서 생존에 필요한 수입을 얻을 수 없다고 한다면 그는 죽어야 하는데, 신고전파 이론에 의하면 그것은 당연한 것으로 생각되기 때문이다. 이에 반해 복지경제 시장은, 각자가 설령 시장에서 평가받을 수 있는 자 원을 갖지 못하여도 건강하고 쾌적한 생활을 하기 위하여 필요한 서비스를 향수할 수 있는 기본적인 인권을 갖는다는 것을 전제로 한다. 이러한 점을 전혀 고려하지 않는 신고전파 이론은 인간을 생산요소로만 파악하고 있다.

신고전파 이론의 제3의 전제는 개인의 분해가능성이다. 곧 경제순환 과정의 분석이 개인행동을 분석하여 집계한 것으로 가능하다고 본다. 그리고 개인은 합리적으로 선택하고 행동하며 그 행동 기준은 경제순환 과정과 무관하게 선험적으로 주어진다고 본다. 이러한 개인의 합리성에 대해서는, 그 선택 기준의 기초가 되는 효용 개념 또는 주관적 선호 개념에 대하여 베블런(Thorstein Veblen)이나 갤브레이스(John Kenneth Galbraith) 등이 날카롭게 비판한 바 있다. 나아가 신고전파는 기업을 물적 인적인 생산요소의 집합에 불과한 것으로 보며 기업에 속한 개인은 각각 스스로의 주관적 판단가치에 근거하여 합리적으로 행동한다고 보나 이것도 허구에 불과하다.

이상의 이론은 미국의 자유주의적 경제체제를 정당화하고 옹호한 미국 경제학의 기본이 되어 왔다. 우리가 귀가 따갑도록 들어온 GNP경제학이란 바로 이러한 것의 전형이었으나 공해 문제가 심각해지자 그 한계는 명백하게 드러났다. 공해 또는 환경파괴 현상은 사유를 허용하지 않는 자연적 · 사회적 환경의 오염 및 파괴이기 때문이다. 나아가 환경파괴는 실질적인 소득분배를 더욱 불공정한 것으로 만든다. 또 환경파괴는 불가역적인 과정임을 신고전파는 해명할 수 없다.

공해가 발생하면 고소득층은 다른 곳으로 이주할 수 있으나 저소득층은 경제적 또는 직업적 사정 때문에 쉽게 이주할 수 없는 것이 보통이다. 따라서 환경파괴에 의해 명목소득의 분배에 관한 불평등성이 더욱 확대되는 형태로 실질 생활수준의 불평등이 결과된다. 그리고 환경을 오염, 파괴하는 경제주체는 그러한 활동에 의해 편익을 향수할 수 있다. 환경 피해자와 가해자는 상이하며 소득 분배의 불공정성은 더욱 심화되어 간다. 이 점에 관하여 신고전파는 아무런 해명도 할 수 없다.

5. 사회적 공통자본

어떤 경제사회에서나 생산·소비활동을 위하여 필요한 희소자원은 두 가지로 분류된다. 그 하나는 각 경제주체에 분속되고 자유롭게 사용되는 사적인 자원 또는 자본이다. 이에 반해 사적인 경제주체에게는 분속될 수 없는, 사회 전체의 공통 재산인 사회적 자원 또는 사회적 공통자본이 있다. 여기서 자본이라고 했으나, 그것은 생산 · 소비과정에 필요한 희소자원을 일반적으로 부른 것에 불과하다.

무엇이 사적이고 사회적이냐는 사회의 역사적·사회적·경제적 조건에 따라 결정된다. 사적 자본에 있어서는 시장기구 내지 가격기구가 작용하나, 사회적 자본에는 그것이 작용할 수 없다. 후자는 사적으로 소유될 수 없고 그 서비스는 시장을 통하여 거래될 수도 없기 때문이다.

사회적 공통자본은 다시 둘로 나눌 수 있다. 곧 대기, 하천, 토

양 등의 자연자본과 도로, 다리, 항만 등의 사회자본이 그것들이다. 그러나 이러한 구분도 편의상 구분한 것이지 명확한 것은 아니다. 여하튼 사회적 공통자본에서 생기는 서비스는 첫째, 각 경제주체가 그 사용량을 스스로 판단하여 결정할 수 있다는 특징을 갖는다. 예컨대 도로의 경우, 국가나 지방정부가 어떻게 도로를 건설하고 관리하며, 각자는 그 필요에 따라 도로서비스를 얼마나 어떻게 사용할 수 있는지를 결정할 수 있다. 이는 당연한 것이나 근대경제학에서는 분석된 적이 없다.

사회적 공통자본에서 생기는 서비스의 둘째 특징은, 서비스 이용이 상호 의존한다는 점이다. 곧 각 경제주체가 이러한 서비스의 일정량을 사용했을 때 얻는 효용과 이익은 다른 경제주체가 같은 서비스를 어느 정도 사용했는가에 따라 달라진다는 것이다. 이는 사회적 공통자본의 양이 경제활동 수준의 높이와 비교하여 무한하게 존재하지 않으며, 개개의 경제주체가 자유롭게 사용할 수 있어도 사회 전체로서는 희소성을 갖기 때문이다. 가령 도로의 경우 다수가 자동차 통행을 한다면 각 통행자가 일정 기간 동안 몇 킬로미터를 사용했는가에 따라 도로서비스의 사용량이 결정된다. 물론 자동차의 크기 등에 따라 사용량의 표준을 정할 수 있다는 것을 전제로 해서다. 따라서 일정 기간에 사용한 도로서비스의 양은 같아도 다른 경제주체가 많이 사용하고 혼잡한 때에는 그 서비스로부터 얻을 수 있는 효용은 저하되고 운송능력은 악화되는 것이 당연하다.

이러한 사회적 공통자본은 국민이 기본적 생활을 영위하기 위하여 필요불가결한 것으로서 안정적인 사회를 형성하기 위하여, 사적인 시장기구가 아니라 사회적인 차원에서 관리되고 배분되어야한다. 따라서 사회적 공통자본의 범주를 어떻게 결정하느냐 하는 문제는, 국민의 기본적 생활내용에 관하여 어떤 사회적 합의가 성립할 수 있는가, 또 이러한 사회적 합의를 형성할 수 있는 메커니즘이 존재하고 있는가라는 문제와 불가분의 관계에 있다.

민주주의 사회의 이념은, 국민의 기본적 권리, 곧 인구의 구체적 내용에 관한 사회적 합의를 어떤 절차를 거쳐 구하는가라는 것에 관한 명확한 규정의 존재를 전제로 하여 비로소 유효하게 기능할 수 있다. 이러한 사회적 합의의 형성 과정에 있어서 개인이 어떤 권리를 지닐 수 있는가라는 것 자체도 실은 인권의 중요한 구성요인이 된다.

인권이라는 개념은, 한 나라의 국민으로서 당연히 향유할 수 있는 것으로서, 소득의 고저나 다과 등과 같은 선천적 또는 후천적 요인에 의해 좌우되어서는 안 된다. 인권 가운데 시장, 언론, 신앙 등의 자유라고 하는 인간 의식의 내면적 영역에 관한 것이 오늘날에도 역사적으로 가장 중요하다. 이어 각자가 자신의 취미나 목적을 추구하는 인권이 존재한다. 곧 자신의 성격에 적합한 생활양식이나 직업을 선택할 자유, 나아가 거주 이전의 자유가 있다. 그리고 개인 상호간에 여러 형태의 단체를 결성하고 참여할 자유 내지 참여하지 않을 자유가 인정된다. 또한 각자가 그러한 인권을 누릴 수 있는 제도를 형성하고 운영하는 것이 국가에 요구된다. 여기서 각자는 타인의 인권을 침해하지 않는 한 행동의 자유를 인정받는다. 타인의 인권 침해를 규제하는 것이 국가가 행해야 할 최저한의 책무이다. 인권에는 또 인간이 건강하고 쾌적한 생활을 영위할 수 있는 사회권이 있다. 곧 의식주, 교육, 의료, 교통, 자연환경 등에 관하여 어떤 국민도 최저한의 서비스를 향유할 수 있다는 것이 인권의 하나로서 그러한 상황을 가능하게 하는 자원배분 및 소득분배에 관한 제도가 형성되어야 한다. 이러한 인권의 구체적 내용과 사회적 합의를 구하기 위한 절차 사이에는 끊을 수 없는 관계가 존재한다. 이러한 사회적 선택의 과정은 경제적인 안정성에 관한 기준으로부터도 어느 정도 추정할 수 있다.

여하튼 어떤 경제제도가 바람직한 것이냐를 따지는 경우 우리는 효율성과 안정성이라고 하는 상반되는 두 가지 기준에서 접근할 수 있다. 전자는 어떤 목적을 달성하기 위하여 한정된 자원을 어떻게 배분하면 더욱 효과적인가라는 관점에 입각한다. 생산수단의 사유화를 전제로 하고 완전경쟁적인 시장기구를 통한 자원배분은 이러한 효율성 기준을 충족시킨다. 이는 바로 앞에서 본 신고전파 이론이다. 이에 대해 사회적으로 설정된 최저한의 기본적 생활을, 각자가 그 소득의 다과에 관 계없이 향수할 수 있다는 것이 안정성이다. 만일 모든 생활요소를 사회화하고 중앙집중적인 경제계획에 근거하여 자원을 배분하며 각자가 사회적으로 결정된 기본적 생활을 영위할 수 있도록 분배한다면 안정성은 충족될 것이다. 여기서 문제가 되는 것은, 생산수단의 사회화와 계획을 잘 책정하고 실시할 때에 무시할 수 없는 자원의 비효율적인 배분이 생기는 것과, 더욱 기본적인 인권이 침해되는 것이다.

소득분배의 불평등한 경향은, 사회적 공통자본이 존재하고 그 사용이 자유롭게 행해지는 현실의 시장경제 아래에서 더욱 박차를 가하게 된다. 또 고도성장 아래에서의 환경파괴와 같이 이러한 사회적 공통자본이 상대적으로 희소화되면 실질적 소득분배에 관한 불평등성이 가속화된다. 그것을 해결하기 위해서는 안정성의 추구가 필수적이다. 따라서 기본적 생활을 영위하기 위하여 필수적인 성격을 갖는, 수요 측면에서도 공급 측면에서도 가격탄력성이 낮은 서비스를 낳는 희소자원을 사회적 공통자본으로 하여 사회적 관리 밑에 두고서 사회적 안정성을 높일 필요가 있다. 그러나 그것에도 한계가 있으며, 그 서비스를 각자가 자유롭게 사용한다면 타인이 충분히 사용할 수 없게 되므로 사용료를 부과하여 공통자본을 효율적으로 사용할 수 있도록 하여야 한다. 곧 어떤 종류의 희소자원을 사회화하여야 실질소득의 평등화를 확보할 수 있게 된다.

소득분배의 안정성을 도모하기 위해서는 국민이 갖는 인권의 구체적 내용에 관하여 명확하게 규정하고 그러한 인권에 관련된 재화와 서비스를 어떤 메커니즘을 통하여 분배할 것인가에 관하여 계획할 필요가 있다. 특히 보행자를 위한 도로를 사회적 공통자본으로서 건설, 관리하고, 보행의 자유라고 하는 더욱 중요한 인권을 지키고, 안정적인 기본적 생활을 확보하는 것이 그 전형적인 보기일 것이다. 그렇다면 이제 이 책에서 말하는 운송수단과 에너지 소비를 예로 들어 '사회적 비용'과 '사회적 공통자본의 배분'이라는 문제를 다각도로 살펴보자.

6. 공정한 자전거

이 문제를 위해 우선 하나의 도로를 보행자가 사용하는 경우, 자전거 운전자가 사용하는 경우, 자동차 운전자가 사용하는 경우로 나누어 살펴보자. 보행이 타인에게 폐를 끼치는 경우는 거의 있을 수 없다. 그러나 자전거의 경우 약간의 위험이 예상될 수 있으므로 전용도로를 만들고 속도 등에 관한 규제(기타 자기 위험의 최소화를 위한 헬멧과 형광셔츠 착용 등)를 가하여 사회적 비용을 최소한으로 내부화할 필요가 있다.

그러나 자동차의 경우에 사정은 완전히 달라진다. 여기서 먼저 지적되어야 하는 것은, 한국에서는 모든 사람들이 자동차를 소유하고 운전하며 도로서비스를 사용하는 것이 국민의 당연한 권리로써 사회적으로 인정되지 않고 있다는 점이다. 그 첫째의 이유는 보행이나 자전거와 달리, 만일 자동차세나 통행요금 등에 의해 자동차를 소유하고 운전하는 비용이 높게 되었을 때 자동차 소유나 운전에 대한 수요가 현저히 낮아진다고 생각되기 때문이다. 따라서 지불능력이 있고 지불의지를 가진 사람만이 자동차를 소유하고 운전할 수 있다고 하는 시장기구적인 원칙이 관철되는 성질의 것이라고 할 수 있다.

둘째, 더욱 근본적인 이유는 모든 사람이 자동차를 보유했을 때에 자동차 통행에 의해 타인의 기본적인 인권이 침해되지 않도록 도로망을 건설하고 정비한다는 것은 거의 불가능에 가까운 것이기 때문이다. 이러한 관점에서 자동차 통행은 시민의 인권을 구성하는 요소가 아니라 도리어 선택적인 형태로 소비되는 것이라고 할 수 있다. 따라서 자동차를 소유하고 운전하는 사람들은 타인의 인권을 침해하지 않는 구조를 갖는 도로에만 운전하도록 해야 하고 그러한 구조로 도로를 변조시키기 위한 비용과, 자동차의 공해방지 장치를 위한 비용을 부담시키는 것이 사회적 형평성과 안정성이라는 관점으로부터 당연히 요청되는 것이다.

그럼에도 불구하고 한국의 거리에서는 자동차의 통행이 보행자의 인권을 완전히 침해하도록 거의 절대적으로 허용되고 있다. 보행자가 끊임없이 생명의 위험을 안고 걸어야 하는 이러한 상태는 이제 지극히 비정상적인 것으로 거부되어야 한다. 이러한 상황에서는 자동차를 구입하고 유지할 수 있는 능력을 갖는 사람들은 자동차를 사용하여 보행자의 안전과 보행의 자유라고 하는 인권을 침해하고 있는 것이다.

따라서 사회적 공통자본으로서 도로가 갖는 기능이 현저히 저해되고, 실질 소득분배에 관한 내재적인 불안정이 확대되어 간다. 특히 공공 교통수단에 대한 투자가 충분하지 못하게 되고, 도시환경이 악화되며 자동차를 위한 고속도로와 주차장이 거리를 점령하는 경향이 더욱 현저하게 나타난다.

이는 한국의 도시만이 아니라 세계의 모든 도시에 공통된 문제이다. 물론 한국의 도시만큼 극단적으로 인권을 침해하는 경우는 극히 보기 드문 일이다. 도시와 거리를 자동차로부터 구출하기 위해서 어떻게 해야 하는가는 모든 나라에서 가장 심각한 문제 가운데 하나이다. 미국의 경우 공공 교통수단이 거의 무시되고 있어서 자동차를 소유하고 운전하지 않으면 출퇴근이나 쇼핑 등의 기본적 생활의 영위조차 사실상 불가능한 실정이다. 자동차 통행도 보행과 마찬가지로 거의 인권의 일부가 되어 더욱 심각한 문제를 야기하고 있는 것이다.

미국에서 그러한 문제가 발생한 원인 가운데 하나는 자동차의 대량 염가보급이라고 할 수 있다.곧 자동차가 일반적으로 보급되고 도로가 정비되었기 때문에 사람들이 교외에 집을 구하여 생활하게 되었다. 그 결과 도시의 면적이 확대되었고, 공공교통수단에 의한 운송이 비효율적인 반면, 자동차 이용의 장점은 더욱 확대되었다.

도시가 이와 같이 비인간화되어 가는 것을 어떻게 방지할 수 있을까? 이에 답하기 전에 먼저 자동차 통행에 수반된 사회적 비용을 이용자가 부담한다는 원칙을 확립하고, 도시구조를 그러한 전제 아래 변화시킬 필요가 있다.

7. 자동차 통행의 필수 조건

지금 보행, 건강, 주거 등에 관한 시민의 기본적 인권의 내용에 관한 어떤 사회적 합의가 성립되어 있다고 하자. 자동차의 통행을 이와 같이 인권을 침해하지 않도록 행하고자 한다면, 도로의 건설과 유지가 어느 정도의 추가적인 비용을 필요로 하며 자동차의 무공해화를 위하여 어느 정도의 투자를 해야 할 것인가를 계산한다. 이 액수는 도로가 어느 정도로 조밀한가, 자동차의 무공해화가 어디까지 기술적으로 가능한가 등의 사정에 의존함은 물론이다.

위의 추가 투자액에 현재의 도로건설비를 더하여 자동차 통행자가 부담한 액수를 뺀 것이 여기서 말하는 자동차 통행의 사회적 비용이다. 또 도로의 능력 한계가 있고 혼잡현상이 일어나면 그 혼잡에 수반된 한계적 비용을 자동차 통행자에게 부과하고 그 점에 관해서는 사회적 비용의 내부화가 완전히 행해지고 있다고 가정하자.

한국의 도시에서 시민의 인권을 침해하지 않는 구조를 갖는 도로를 건설한다는 것은 물리적으로 불가능한 경우가 많고, 또 현존 주거의 이동 등과 같은, 사회적으로 커다란 장애가 존재한다. 그러므로 자동차 통행의 사회적 비용은 무한대라고 생각된다.

자동차 통행의 사회적 비용을 내부화한다는 것은, 사회적 비용을 자동차 통행자가 적당한 방법으로 모두 부담하는 경우에 실현될 수 있다. 곧 자동차 통행은 시민의 인권을 침해하지 않는 경우에만 허용되어야 하고, 그러한 도로건설이나 교통안전시설의 정비·유지비도 모두 자동차 통행자에 의해 부담되어야 그 사회적 비용이 내부화되는 것이다.

시민의 인권을 침해하지 않는 도로란 어떤 것인가? 먼저 인도(보도)와 차도가 완전히 분리되고, 가로수 등의 설치에 의해 배기가스, 소음 등이 보행자에게 직접 피해를 주지 않도록 배려해야 한다. 또 보행자의 횡단을 위해서 육교나 인도가 아니라

도리어 차도를 낮게 하거나 지하화하여, 보행자가 불필요한 보행의 부담을 지지 않게 하여야 한다. 나아가 길의 중앙에 일정한 넓이를 확보하여 교통사고 발생의 확률을 가능한 한 줄여야 한다. 또한 주택이나 상가와 같이 거리에 접한 건물들과 도로 사이에도 충분한 간격을 두어 주거와 생활환경을 파괴하지 않도록 조치해야 한다.

그러나 과연 그러한 구조의 도로로 개조할 수 있는가? 먼저 인도와 차도를 물리적으로 구분하기 위해서는 적어도 도로의 폭을 양측에 4미터씩 확대해야 한다. 그러나 그러한 물리적인 분리만으로는 보행자의 인권을 지킬 수 없다. 배기가스, 소음 등에 의해 보행자의 건강이 침해되지 않도록 배려해야 한다. 곧 인도와 차도 사이에 완충지대를 만들어 가로수 등을 심어야 한다. 자동차의 무공해화가 진행되면 그러한 완충지대의 폭은 좁아질 수 있다. 그러나 완전한 무공해화가 기대되기 어려우므로 그러한 시설이 반드시 필요하다.

보행자의 횡단에 있어서도 차도의 위치를 인도보다 낮게 하여 계단을 사용하지 않고도, 또한 중단하지 않고도 건널 수 있도록 하여야 한다. 자동차 통행을 가능한 한 불편하게 만들어 시내의 자동차 통행을 가능한 한 억제하여야 한다.

그러나 어떤 방식에 의해서도 아이들의 놀이터였던 거리를 되돌려줄 수는 없다. 공원이 있을 수 있으나 그곳은 옛날의 거리와 같이 아이들이 사회를 배우는 놀이터일 수가 없다. 궁극적으로 자동차의 통행을 금지시키는 것 외에 다른 방법은 없다.

왜 자동차를 사는가? 왜 너도나도 자가용차를 가지려 하는가? 그것은 자동차를 구입하고 운전하기 위하여 지불하는 비용이 그 이용에 따른 편익보다도 훨씬 적기 때문이다. 그리고 자동차 보급은 도로 건설에 대한 정치적인 압력으로 나타나며 그것에 따라 자가용의 사적인 편익이 커지고 자동차에 대한 수요를 더욱 강력하게 유발하게 된다.

그러나 자동차 보유대수가 늘어나고 국토 면적이 도로와 관련시설에 투입되면 자동차 통행에 따른 사회적 비용은 더욱 크게 된다. 곧 교통사고, 범죄, 공해, 환경파괴 등이 폭증하며, 건강, 안전보행 등의 인권을 침해하고 대다수 시민이 불가역적인 손실을 얻게 된다. 그러한 사회적 비용의 발생을 당연히 자동차 소유주가 지불해야 되는데 실제로는 도리어 시민 모두의 몫이 되었다. 시민이 뒤집어쓴, 억울한 과세였다.

8. 인간의 권리를 위하여

민주주의에서의 자유는 타인의 자유를 침해하지 않는다는 전제하에서만 허용된다. 그런데 자동차의 보급에 의해 그러한 자유의 원칙이 붕괴되었고 그것이 자동차를 더욱 보급시킨다는 악순환을 낳는다. 이러한 악순환을 단절하기 위해서는, 자동차 통행에 따른 사회적 비용을 그 발생자가 부담한다는 원칙이 관철되어야 한다. 그러나 그 비용의 대부분이 사망이거나 건강 손실 등과 같이 불가역적인 것이므로 계측은 실제로 불가능하다. 단지 추정할 뿐이지만 그러한 추정만으로도 엄청난 것이다. 가장 좋은 해결방법은 자동차를 모두 폐기하고 자전거를 타는 것이다. 그리고 그것이 현실적으로 어렵다면 자동차 소유자가 그 사회적 비용을 전적으로 부담한다는 원칙만이라도 관철해야 한다.

일리치는 이 책에서 소수의 편익을 위하여 대다수의 권리를 침해하는 현대적 운송수단의 폐해를 낱낱이 고발하고 있다. 그리고 이러한 폐해를 발생시킨 가장 근저에는 에너지의 대량 소비와 불평등한 분배라는 정치·경제적 왜곡이 자리하고 있음을 밝혀내고 있다. 더욱 중요한 것은, 에너지의 대량 소비가 공정성을 저하하고 사회 해체를 불러올 뿐만 아니라, 인간의 무능력까지 심화시킨다는 점이다. 인간은 에너지를 노예로 부리고 있다고 생각하지만 사실은 산업이 강제한 운송수단을 매개로 하여 에너지의 노예가 되고 있는 것이다.

일리치는 에너지와 교통이라는 현대 사회의 중추적 요소들을 통해 우리가 얼마나 기이한 세상에서 살고 있는지, 그리고 인간 본연의 자유와 공동체의 미덕과 능력을 회복할 수 있는 길은 없는지를 모색한다. 일리치가 이 책의 주장으로 '자전거'라는 적정 기술을 사례로 든 것은 결코 고통스럽고 불편했던 과거를 다시 불러들이려는 의도가 아니다. 어쩌면 자전거는 인류의 지혜가 도달한 최적의 기술이자, 인간 존재의 정신적이고 신체적인 가능성을 마음껏 발휘할 수 있는 최소한의 출구일 것이다. 인간의 행복, 그리고 우리들 공동체가 함께 누리는 행복은 자전거를 타고 온다.

〈이반 일리치 전집〉을 펴내며

'이반 일리치'라는 이름을 말하면 사람들은 70~80년대를 풍미했던 이론, 또는 한물간 사상가의 기억을 떠올립니다. 어떤 이들은 학교로부터의 탈출이나 현대의료에 대한 거부를 외쳤던 반문명주의자의 초상을 떠올리기도 합니다. 이처럼 유행의 힘은 사상의 영역에도 예외가 아니어서 변할 수 없는 진리마저 낡고 빛바랜 것으로 만들곤 합니다. 그러나 어떤 진실은 시간의 변덕스런 힘에도 살아남아 뒤늦게 빛을 발합니다. 적지 않은 사람들이 꾸준히 일리치를 찾아 읽고 현실의 어둠을 헤쳐나갈 눈을 얻으려는 것은 그만큼 그의 사상이 진실의 힘을 가지고 있기 때문일 것입니다.

일리치가 한때의 유행에서 다시금 고전으로 부활하고 있는 것은 역설적으로 현대가 겪고 있는 위기가 더욱 커지고 깊어졌다는 뜻이기도 합니다. 끝없는 성장만이 인간을 행복하게 만들어줄 수 있다는 이념은 자유시장과 무한경쟁을 앞세운 신자유주의로 심화되고 있고, 그것이 오늘의 위기를 재촉하고 있다는 것은 모두가 느끼고 있는 사실입니다. 우리는 이 위기를 사회적, 생태적, 실존적 위기의 세 가지로 짚어볼 수 있습니다. 성장의 이데올로기는 능력에 따른 불평등을 정당화하고 결국 양보와 합의에 기초한 공동체의 토대마저 흔들고 있습니다. 그것은 또한 우리 모두에게 주어진 자연을 소수를 위한 착취의 대상으로 삼아버렸습니다. 이러한 사회적, 생태적 위기 속에서 우리는 물질적 욕구의 충족만을 행복으로 여기는 영혼 없는 존재로 타락해 가고 있습니다.

일리치는 이 모든 위기의 뿌리가 인간을 '호모 에코노미쿠스'로 본 근대 경제학에 있다고 합니다. 인간은 날 때부터 '필요'를 가진 존재이고 자연의 '희소성'을 두고 서로 싸워야 하는 존재라고 보는 관점 말입니다. 그러나 일리치는 우리의 필요란 조작된 것이요, 우리 삶의 조건은 희소한 것이 아니라 자급자족적 삶을 꾸려가기에 충분한 것이라고 말합니다. 우리의 가난이란 현대화된 가난으로서 상품을 소비할 수 없어서 생겨난 것이고, 그런 점에서 상품은 인간 삶의 모든 측면에 대해 근본적인 독점을 행사하고 있다는 것입니다. 따라서 상품의 끝없는 생산 및 소비에 의존하는 경제 성장은 필연적으로 역생산성에 빠질 수밖에 없다고 합니다. **가난의 현대화, 근본적 독점, 역생산성**은 이반 일리치가 우리에게 남겨 놓은 귀중한 통찰입니다.

사월의책이 새삼 〈이반 일리치 진집〉을 펴내는 까닭은 현대 사회에 대한 수많은 비판의 담론 위에 또 하나의 비판을 얹고자 함이 아닙니다. "이성으로는 비관하되 의지로 낙관하라"는 안토니오 그람시의 말대로 일리치는 현대를 비관한 만큼이나 인간 사회에 대한 낙관을 잃지 않았습니다. 그는 미래에 대한 비관적 전망이 현재에 드리워놓은 그림자로부터 그 현재를 재발견하는 것이야말로 우리가 해야 할 일이라고 보았습니다. 일리치를 읽는 것은 나 자신과 이 사회를 재발견하고 우리 자신에 대한 희망을 다시 세우는 일이 될 것입니다.

> "나는 세상에 불을 던지러 왔노니, 이미 그 불이 타올랐으면 내가 무엇을 원하리요." (누가복음 12:49)

사월의책 편집부